제2판

항불안제 중단하기

치료자 가이드

Michael W. Otto, Mark H. Pollack 지음

장재순, 최은지, 권찬영 옮김

Σ 시그마프레스

항불안제 중단하기 치료자 가이드   제2판

발행일 | 2021년 1월 5일 1쇄 발행

지은이 | Michael W. Otto, Mark H. Pollack
옮긴이 | 장재순, 최은지, 권찬영
발행인 | 강학경
발행처 | ㈜ 시그마프레스
디자인 | 김은경
편 집 | 류미숙

등록번호 | 제10-2642호
주소 | 서울특별시 영등포구 양평로 22길 21 선유도코오롱디지털타워 A401~402호
전자우편 | sigma@spress.co.kr
홈페이지 | http://www.sigmapress.co.kr
전화 | (02)323-4845, (02)2062-5184~8
팩스 | (02)323-4197

ISBN | 979-11-6226-298-6

STOPPING ANXIETY MEDICATION THERAPIST GUIDE, SECOND EDITION

Copyright © 2009 by Oxford University Press, Inc.

STOPPING ANXIETY MEDICATION THERAPIST GUIDE, SECOND EDITION was originally published in English in 2009. This translation is published by arrangement with Oxford University Press. Sigma Press, INC. is solely responsible for this translation from the original work and Oxford University Press shall have no liability for any errors, omissions or inaccuracies or ambiguities in such translation or for any losses caused by reliance thereon.

Korean translation copyright © 2021 by Sigma Press, INC.
Korean translation rights arranged with Oxford University Press
through EYA(Eric Yang Agency).

이 책의 한국어판 저작권은 EYA(에릭양 에이전시)를 통한 Oxford University Press 사와 독점계약한 ㈜시그마프레스에 있습니다. 저작권법에 의하여 한국 내에서 보호를 받는 저작물이므로 무단전재 및 복제를 금합니다.

＊ 책값은 책 뒤표지에 있습니다.

항불안제, 소위 신경안정제라 부르는 약물의 사용이 나날이 늘어나고 있다. 2020년 식품의약품안전처의 '의료용 마약류 현황' 자료에 따르면 우리나라 국민 8명 중 1명(약 660만 명)은 지난 1년간 '항불안제'를 처방받은 적이 있다.

항불안제는 어느 정도 중독 위험이 있어 '의료용 마약류'로 분류되는데, 복용 중 생길 수 있는 의존 증상의 문제점은 복용이 오래 지속될수록 증상이 본래의 질병에 의한 것인지 약물의 부작용인지조차 분간할 수 없게 되어 본래의 질병 상태가 변화하고 더욱 악화되어 버린다는 점이다.

최근 정보화로 인한 의료 환경의 변화는 항불안제 약물 사용에서도 이전과 다른 변화를 만들어 내고 있다. 이전에는 항불안제의 중독 위험에 대해 알지 못한 채로 복용을 지속하고 자기가 복용하는 약물의 이름에도 관심이 없었지만, 지금은 처방전에 항불안제 이름과 용량, 용법이 보기 쉽게 기록되어 있고 인터넷을 통해 약물에 대한 정보도 바로 찾아볼 수 있다. 이러한 변화에서 항불안제의 사용과 그 중단 방법에 대해 한 번 살펴봐야 할 필요가 있다.

성공적인 약물의 중단은 하루아침에 이루어질 수 없고, 점진적인 감량을 해야만 한다. 장기간의 감량 동안 다양한 기법이 활용되는데, 이때 치료자의 도전과 풍부한 경험이 필요하다. 이 책은 항불안제 사용을 중단하기 위한 방법에 대해 현재까지 알려진 여러 가지 기법과 연구 결과를 집약한 것이다. 치료자가 쉽게 적용할 수 있는 내용과 실제적인 방법으로 최종 종착지에서 '약에 의존하지 않는 치료 모델'을 목표로 한다. 아무쪼록 이 책이 항불안제 중단을 시도하는 환자와 정신보건에 종사하는 모든 사람에게 도움이 되었으면 하는 바람이다.

책이 출판되기까지 많은 도움을 주신 황윤경 박사, (주)시그마프레스 편집부 임직원 여러분에게 깊은 감사를 드린다.

한방신경정신과 전문의 장재순, 최은지, 권찬영

저자 서문

이 책에 대하여

의료분야는 지난 몇 년 동안 놀라운 발전을 이루었다. 현재까지의 다양한 연구 결과로 비추어 볼 때 정신건강 및 행동의학에서 그동안 널리 받아들여진 많은 중재치료 및 전략 중 일부는 그 유용성이 부족할 뿐만 아니라 심지어 종종 해를 끼치는 것으로 보고되어 그 활용에 의문이 제기되고 있다. 반면 어떤 전략들은 현재 아주 높은 수준의 증거에 기반하여 효과가 있는 것으로 입증되어 일반인에게 더 널리 보급되어 사용할 수 있게 되었다. 이러한 획기적인 변화는 최근의 몇 가지 발전에서 비롯되었다. 첫째, 심리적·신체적으로 병리학에 대한 보다 심층적인 이해에 이르렀으며, 이로 인해 새롭고 보다 적확한 표적 중재치료 프로그램이 개발되었다. 둘째, 연구방법론이 크게 개선되어 내적·외적 타당도를 저해할 수 있는 요인을 감소시킴으로써 연구 결과를 임상현장에 보다 직접적으로 적용할 수 있게 되었다. 셋째, 세계 각국 정부와 의료정책 입안자들은 치료의 질이 보다 향상되어야 하고, 증거에 기반해야 하며, 이런 작업들이 꾸준히 이루어지도록 보장되어야 대중에게 이익이 된다고 의견을 모았다(Barlow, 2004; Institute of Medicine, 2001).

그럼에도 불구하고 임상가들은 여전히 새로 개발된 증거에 기반한 심리적 중재 전략에 손쉽게 접근하지 못하고 있다. 워크숍과 서적은 책임감 있고 자각적인 치료자로 하여금 최신 행동치료 실무를 익히고 개별 환자에게 적용할 수 있는지를 파악하는 데까지만 유용하다는 한계가 있다.

이 치료자 가이드는 특정 문제에 대한 진단과 평가, 그리고 치료 단계별 세부 절차를 포함하고 있다. 거기에 치료자들이 실무에서 이러한 절차를 수행하는 데 도움이 될 만한 감독과정과 보조자료를 제공함으로써 책과 매뉴얼 수준

이상의 역할을 제공한다.

　새롭게 부상하는 의료 시스템에서는 증거에 기반한 치료 활동이 정신건강 전문가에게 신뢰할 수 있는 행동방침을 제공한다는 공감대가 점점 확산되고 있다. 치료자는 누구나 자신의 환자에게 최상의 의료 서비스를 제공하고자 할 것이다. 이 가이드의 목표는 그러한 지식의 보급과 정보의 격차를 메우는 것이다.

　항불안제 중단하기 치료자 가이드, 제2판은 항불안제 복약을 중단하기 위한 증거기반 치료 프로그램을 개정한 것이다. 이 프로그램은 공황장애치료에서 벤조디아제핀의 성공적인 중단을 위해 특별히 개발되었다. 또한 불안관리를 위한 다른 유형의 약물 복약 중단에도 적용할 수 있다. 치료자는 처방의사와 상의하여 항불안제 복약의 안전한 중단을 위해 권장되는 느린 테이퍼(taper : 점진적인 약물 감량_역주) 계획을 착실히 따르도록 해야 한다. 많은 환자들이 항불안제 복약에 따른 금단증상과 공황장애의 재발에 대한 두려움으로 복약 중단에 어려움을 호소하고 있다. 따라서 이 프로그램은 노출요법 및 인지행동치료를 통해 증상관리 및 근원적인 공황·불안장애의 치료를 목표로 한다. 치료자는 이 가이드가 환자가 항불안제를 중단하고 시간이 흘러도 공황증상에 빠지지 않고 재발하지 않는 상태를 유지하는 목표에 효과적으로 도달할 수 있도록 돕는 귀중한 자료임을 알게 될 것이다.

매사추세츠 보스턴

David H. Barlow

참고문헌

Barlow, D. H. (2004). Psychological treatments. *American Psychologist, 59*, 869-878.

Institute of Medicine. (2001). *Crossing the quality chasm; A new health system for the 21st century*. Washington, DC: National Academy Press.

차 례

제1장

치료자를 위한 입문 정보

프로그램의 배경 정보 및 목적

이 치료 프로그램은 공황장애 및 불안장애가 있는 사람들의 약물치료 중단을 돕기 위해 개발되었다. 목표는 성공적인 항불안제 복약 중단을 돕는 동시에 환자의 근본적인 공황·불안장애를 제거하는 기술을 제공하는 것이다. 이 치료 프로그램은 벤조디아제핀 복용량을 줄이는 환자들이 직면하는 대표적인 어려움을 중심으로 구성되었지만 항우울제의 중단에도 성공적으로 적용되었다(Whittal, Otto, & Hong, 2001). 이 프로그램은 또한 범불안장애 및 외상후 스트레스장애에 대한 벤조디아제핀 복약을 포함하여 기타 다른 불안장애에 대한 약물치료를 중단하는 데도 임상적으로 적용되었다.

이 치료 프로그램의 기본 원리는 불안으로 인한 신체감각에 대한 두려움과 이러한 감정이 도출된 외부 상황에 대한 두려움을 강조하는 공황장애의 인지행동 모델과 일치한다(Barlow, 2002; Clark, 1986; McNally, 1990). 이 프로그램은 복약 중단을 도울 뿐만 아니라 공황장애치료에도 중점을 두었기 때문에 약물치료에 반응하지 않는 환자에 대해 1차적 중재치료 목적의 연구에 적용되었다(Heldt et al., 2003, 2006; Otto, Pollack, Penava, & Zucker, 1999). 이때 복약 중단의 구성 요소는 개별 환자의 목표에 따라 선택하였다(Otto, Pollack, & Sabatino, 1996).

항불안제 중단하기(stopping anxiety medication, SAM)에 대한 이 치료자 가

이드는 공황장애치료 경험이 있는 정신건강 전문가를 위해 만들었다. 이 책은 개인 또는 집단 형식으로 제공될 수 있는 노출기반 인지행동치료(CBT)에 대한 회기별 지침을 제공한다. 이 프로그램은 8개의 정규 회기와 3개의 추가 회기로 구성된다. 이 프로그램은 벤조디아제핀 중단에 권장되는 최소 수준의 중재치료를 제시한다. 공황증상으로 어려움을 겪는 환자는 추가 회기가 필요할 수 있다. 초기 회기는 90분이 필요하며, 이후에는 회기가 개인별 또는 집단 프로그램 형식으로 제공되는지에 따라 60~90분이 소요된다. 프로그램을 활용하여 환자가 자신의 진도를 보다 잘 안내하고 관찰하게 할 수도 있다.

이 치료자 가이드는 8개의 정규 회기와 3개의 추가 회기로 구성하였다. 각각의 정규 회기에 대한 장은 필요한 자료 목록과 회기 요소 및 목표에 대한 개괄적인 내용을 제공하는 개요로 시작한다. 그리고 중재치료와 순서 및 중재치료 제공을 위한 임상 스타일에 대하여 자세한 설명을 제공한다. 이러한 치료 정보를 환자가 쉽게 이해할 수 있도록 일반적인 사례와 비유를 자주 사용했다. 집단치료는 화이트보드 또는 기타 시청각 자료가 설치된 방에서 실시해야 한다. 개인별 치료를 위해서 치료자는 이 가이드의 그림과 표의 정보를 제공하거나 활동기록지를 참조하여 시각적인 정보를 제공할 수 있다.

벤조디아제핀 중단에는 처방의사와의 치료 조정이 필요하다. 일반적으로 처방의사에게 이 CBT 프로그램의 개요와 벤조디아제핀 치료를 성공적으로 중단하고, 그 중단을 장기간 (아마도 더 낮은 수준의 고통에서) 유지하는 데 도움이 되는 이 프로그램의 잠재력을 미리 알려주는 것이 좋다. 환자의 복약 중단 사유를 검토하고 테이퍼(taper : 점진적인 약물 감량_역주)를 진행하기 위해서는 환자, 처방의사 및 CBT 치료자의 합의가 있어야 한다. 특히 테이퍼 속도 및 테이퍼에 대한 의학적인 최종 승인은 처방의사에게 있다는 것을 명심해야 한다.

이 책에서 설명하는 중재치료 외에도 복약 중단으로 일어나는 증상을 정기적으로 관찰해야 한다. 이러한 관찰은 처방의사가 수행할 수도 있지만 CBT 치료자도 함께해야 한다. 이 관찰에는 등급 척도를 사용하는 것이 바람직하다. 약물-테이퍼 증상 체크리스트는 제2장에 제시하였다. 대안적으로 치료자들은 약물 금단증상 체크리스트(Physiciane Withdrawal Checklist)(Rickels,

Schweizer, Case, & Greenblatt, 1990) 또는 벤조디아제핀 금단증상 체크리스트(Benzodiazepine Withdrawal Checklist)(Pecknold, McClure, Fleuri, & Chang, 1982) 사용을 고려할 수도 있다. 중단 과정을 관찰하는 임상의는 약물중단 전에 기존 장애증상과 이후 발생하는 응급증상을 비교할 수 있도록 복약 중단을 시작하기 전에 2주간 증상의 기저수준(2-week baseline level)을 설정해야 한다. 이러한 기저수준을 설정하는 기간은 복약 테이퍼 시작이 세 번째 치료회기 이후에야 진행되기 때문에 이같이 구성된 프로그램에서는 어렵지 않게 수행할 수 있다.

환자는 CBT를 시작하기에 앞서 정신과 평가와 신체건강 상태에 대한 정확한 의학적 평가를 받아야 한다. 의학적 평가를 통해서 자극감응 노출치료에 필요한 신체 운동을 완수할 정도로 환자의 건강 상태가 양호한지 확인해야 한다. 일부 여성은 임신 때문에 벤조디아제핀 치료를 중단하고 싶어 할 수 있다. 따라서 환자의 내과 전문의 또는 산부인과 전문의는 자극감응 노출치료(예 : 과호흡하기 또는 계단 오르기) 여부를 검토해야 한다. 경험상 자극감응 노출치료는 거의 모든 경우에 승인되는데, 특히 복약 중단과 더 큰 신체적 스트레스 요인, 즉 반복되는 공황증상의 제거에 도움이 되기 때문이다.

환자는 첫 회기를 시작하기 전에 다음과 같은 정보를 인지한 후 프로그램에 참여해야 한다. (a) 치료 중에 공황장애에서 흔히 볼 수 있는 행동 패턴에 대한 정보가 제시되며 때때로 수업처럼 느껴질 수 있다, (b) 공황장애 증상 통제를 위한 특정 기술 훈련이 제공되며 환자는 회기 이외의 시간에 이러한 기술을 연습해야 한다, (c) 치료는 환자가 두려움 없이 이러한 감각에 반응하는 법을 배울 수 있게 불안할 때의 신체감각에 단계적으로 노출되도록 할 것이다, (d) 정기적인 출석과 연습은 프로그램 진행에 필수적이다.

항불안제 중단하기의 초점

이 치료 프로그램은 벤조디아제핀 치료(또는 불안증상에 대한 항우울제 치료)를 중단하려다 실패한 경험이 있거나 혹은 과거에 공황장애로 진단받아서 보조적 중재치료 없이 약물치료 중단을 두려워하는 개인을 위해 개발되었다. 환자에게는 일반적으로 약물치료를 중단하고 싶어 하는 다양한 동기가 있다. 대표적인 이유로는 약물 의존에 대한 우려, 약물 없이 공황장애를 통제하려는 일반적인 욕구, 약물중단에 대한 의학적인 권고(예 : 계획 임신 전) 및 현재 치료에 대한 주변 사람의 반응과 대체치료 시도에 대한 소망 등이 있다. 약물치료를 중단하고자 하는 환자는 다양한 수준의 중증도를 보이지만 공황장애의 중증도는 약물 중단 성공의 예측 인자가 아니다. 프로그램에 참여한 대다수의 사람들이 중등도 수준의 공황증상에도 불구하고 약물치료 중단에 성공하였다. 공황장애 환자는 불안장애 또는 기분장애가 동반되는 사례가 빈번하다. 이렇게 동반질환이 있는 공황장애라고 하더라도 복약 중단이 불가능한 것은 아니다. 더욱이 공황장애에 대한 CBT 치료는 동반되는 불안장애 및 기분장애가 있는 환자에게도 효과적인 것으로 나타났다(Otto, Powers, Stathopoulou, & Hofmann, 2008; Tsao, Lewin, & Craske, 2002). 그럼에도 불구하고 이 프로그램은 기본적으로 공황장애가 잠재되어 있는 환자의 증상 패턴을 구체적인 치료 목표로 삼고 있기 때문에 동반되는 기분장애 또는 불안장애가 있는 환자에게는 추가적인 인지행동 중재치료가 필요할 수 있다.

치료 프로그램의 개발 및 증거기반

벤조디아제핀을 사용한 약물치료가 공황장애 증상 조절에 효과가 있는 것으로 밝혀졌지만 약물치료를 중단할 때 환자가 심각한 어려움을 겪는 일은 흔하게 발생한다. 공황장애치료 전보다 더 악화되거나 같은 수준으로 되돌아가는 일도 빈번하며, 대다수의 공황장애 환자가 복약 중단에 성공하는 데 어려움을 겪는다(Fyer et al., 1987; Noyes, Gamey, Cook, & Suelzer, 1991; Pecknold, Swinson, Kuch, & Lewis, 1988). 이러한 어려움은 느린 테이퍼 전략을 사용한다고 해도 짧은 반감기 및 긴 반감기를 가진 벤조디아제핀 모두에서 발생할 수 있다(Denis, Fatseas, Lavie, & Auriacombe, 2006; Schweizer, Rickels, Case, & Greenblatt, 1990). 항불안제 중단하기(SAM) 프로그램은 이러한 약물치료를 중단할 때 발생하는 문제에 대응하기 위하여 개발되었다.

이 프로그램의 목적은 환자를 성공적인 약물치료 중단으로 이끌고 장기적으로는 공황장애에 대한 관리기술을 제공하는 것이다. 이 프로그램은 Barlow 에 의해 개발되고 검증된 **공황통제요법**(panic control therapy, PCT) 프로그램을 기반으로 하지만(Barlow, Craske, Cerny, & Klosko, 1989; Barlow, Gorman, Shear, & Woods, 2000; Craske, Brown, & Barlow, 1991), 약물치료 중단 시 발생하는 문제를 해결할 목적으로 수정되었다. PCT와 비교하여 SAM 프로그램은 자극감응 노출(공포심을 느끼는 내부감각에 대한 단계별 노출)의 구성 요소를 강화하였다. 이 치료 프로그램에서는 PCT보다 자극감응 노출을 더 일찍 도입하며, 자극감응 노출이 공황장애 치료 및 금단증상의 감각에 직면할 때 회복력을 보이는 치료 변화 과정에서 훨씬 더 의미 있는 특징으로 여겨진다. 자극감응 노출은 벤조디아제핀의 테이퍼 시 발생하는 감각뿐만 아니라 불안할 때의 감정적 · 신체적 감각에서 안전한 느낌을 다시 얻도록 돕는 데 사용된다. 금단증상으로 인해 발생하는 불안 및 재앙화된 반응을 없애는 것뿐만 아니라 불안감이 증폭되는 것을 제거하는 것이 이 프로그램의 핵심이다. 주목할 만한 점은 이러한 자극감응 노출이 모든 약물에 대하여 금단 및 감정을 뒤흔드는 갈망을 제거하는 데 새롭게 적용되고 있다는 점이다(Otto, 인쇄 중; Otto, Safren, & Pollack, 2004; Zvolensky, Yartz, Gregor, Gonzalez, & Bernstein, 2008).

우선 벤조디아제핀 약물 복용을 중단하고자 하는 공황장애 환자 34명을 대상으로 한 대조군 연구에서 SAM 프로그램을 평가했다(Otto et al., 1993). 알프라졸람 또는 클로나제팜을 복용하면서 스스로 복약을 중단하는 데 어려움을 호소한 환자들이 느린 테이퍼 프로그램 단독 치료군 또는 느린 테이퍼 프로그램 집단치료 형식의 SAM 프로그램 치료군에 무작위로 배정되었다. SAM 프로그램이 포함된 느린 테이퍼군에는 처방을 한 정신과 의사의 주간 모니터링 및 지원 방문이 포함되었다. 느린 테이퍼 단독 프로그램의 한 환자가 테이퍼 시작을 거부하여 결과적으로 33명의 환자가 참여하였다. 느린 테이퍼 단독 프로그램의 환자 중 25%만이 복약 중단에 성공한 반면, SAM 프로그램 환자의 경우 76%가 복약 중단에 성공했다. 정신적 고통의 패턴과 정도를 조사한 결과 약물치료 중단에도 불구하고 SAM 프로그램 환자는 고통 수준이 감소한 것으로 나타났다. 중단 3개월 후에 실시한 추적평가에 따르면 SAM 프로그램의 환자 중 77%가 벤조디아제핀 없이 생활하고 있었으며, 테이퍼 전에 실시한 평가 결과와 비교하여 질병의 중증도가 감소한 경향이 나타났다.

두 번째로는 다음 세 그룹을 대상으로 치료 프로그램의 상대적 효능을 비교하였다. 각 그룹은 (1) 의사의 지원 및 느린 테이퍼를 포함하는 본 프로그램, (2) 의사의 지원 및 느린 테이퍼를 포함하는 이완 훈련 프로그램, (3) 의사의 지원 및 느린 테이퍼만 진행한 프로그램으로 분류하였다. 이완치료는 치료의 비특이적 측면을 조절하는 데 사용되었고, 자극감응 노출 프로그램에 내재된 수용기반전략과 증상의 중증도를 조절하도록 설계된 근육 이완 프로그램의 대처기반 접근법의 가치를 더욱 잘 비교하기 위해 활용되었다. 총 47명의 환자가 위의 세 가지 치료군에 무작위 배정되어 치료를 시작했다(Otto, Hong, & Safren, 2002). 급성기 치료가 끝났을 때 CBT 치료를 받은 환자의 56.3%는 벤조디아제핀 없이 생활하는 상태를 달성하였다. 이에 비해 테이퍼 지원 및 이완 훈련을 한 치료군은 31.3%, 그리고 테이퍼 및 의사의 지원만 있었던 치료군은 40%가 벤조디아제핀 없이 생활하는 상태를 달성하였다. 6개월간의 추적 동안 치료군 간의 차이가 더욱더 뚜렷해졌으며, 전체 SAM 프로그램에서는 62.5%가 벤조디아제핀 없이 생활을 한 반면 의사의 지원 및 느린 테이퍼와 이완 훈련이 결합된 치료군은 12.5%, 의사의 지원 및 느린 테이퍼만 있었던 프로그램에서는 26.7%가 벤조디아제핀 없이 생활하는 것으로 나타났다. 추가적으로 치료지침을 준수하는 것과 SAM 치료를 통해 얻은 결과 간의 긍정적 상관관계가 있음을 발견하여, SAM 프로그램의 효과가 기여하는 바를 다시 한 번 확인할 수 있었다. 본 결과는 SAM 프로그램이 비특이적인 치료요소가 아니라 능동적인 치료요소라는 것을 시사한다. 또한 이완치료를 활용하여 불안감에 대한 두려움에 대처하기보다 SAM 프로그램에서 자극감응 노출 및 인지재구성을 사용함으로써 불안감에 대한 두려움을 제거하는 것이 효과가 있었음을 입증했다.

SAM 프로그램은 벤조디아제핀 복약을 중단하는 데 사용될 뿐만 아니라 항우울제 중단에도 사용된다. 공황장애 환자 8명의 사례에서 Whittal 등(2001)은 모든 환자가 선택적 세로토닌 재흡수 억제제(Selective Serotonin Reuptake Inhibitor, SSRI) 약물치료를 성공적으로 중단했다고 보고하였는데, 이는 SAM

치료지침을 기반으로 한 CBT 집단 프로그램에서 더 나은 개선 사항이 있었음을 보여준 것이었다.

추가적으로 주목할 사항은 공황장애 환자가 벤조디아제핀 및 항우울제 중단에서 비슷한 정보 제공, 인지재구성 및 자극감응 노출 중재치료를 적용한 다른 CBT 프로그램을 사용했을 때 유익한 결과를 얻었다는 것이다(Hegel, Ravaris, & Ahles, 1994; Schmidt, Wollaway-Bickel, Trakowski, Santiago, & Vasey, 2002; Spiegel, Bruce, Gregg, & Nuzzarello, 1994). 예를 들어 공개임상시험(open trial)에서 Hegel 등(1994)은 12회의 CBT 회기를 진행한 후 높은 비율(80%)로 벤조디아제핀 중단에 성공하였다고 보고하고, 1년간의 추적 조사에서도 높은 비율로 공황증상에서 벗어난 것을 발견했다. Spiegel 등(1994)은 공황장애가 있는 외래환자의 무작위 시험에서 CBT 프로그램과 벤조디아제핀 약물 복용 중단을 위해 의사의 지원만 진행된 프로그램을 비교했다. 두 연구에서 모두 대조군에 비해 CBT 프로그램으로 벤조디아제핀을 중단한 비율이 높았으며, 또한 중단한 상태가 유지되었다는 증거를 제공하였다. Spiegel 등이 연구에 사용한 매우 느린 테이퍼 프로그램은 특히 흥미로운데, 대다수의 환자들은 이 매우 느린 벤조디아제핀 테이퍼를 사용했을 때 CBT의 유무와는 관계없이 벤조디아제핀을 빠르게 중단할 수 있었다. 그러나 CBT를 받지 않은 환자는 금방 재발하였다(6개월 후 비교를 해보면 CBT 프로그램을 받은 환자를 100%라 할 때 테이퍼 단독 치료군 중 50%만이 벤조디아제핀 중단 상태를 유지할 수 있었다). 따라서 매우 느린 테이퍼가 금단증상의 강도를 감소시키는 데 사용될 수는 있지만, 공황장애의 근간을 이루는 핵심 두려움을 치료하는 것이 환자가 장기적으로 벤조디아제핀을 중단하고 공황이 없는 상태를 유지하는 데 결정적인 것으로 보인다.

공황장애의 인지행동 모델

SAM 치료 프로그램은 공황발작 경험과 관련된 신체감각에 대한 두려움을 느끼기 때문에 공황발작이 유지된다고 가정하는 공황장애 인지행동 모델을 기반으로 한다. 최초의 공황발작은 스트레스-체질 모형(stress-diathesis model)

의 맥락에서 볼 수 있으며, 많은 이에게 볼 수 있는 증상이다. 재발성 공황발작의 발생은 투쟁-도피 반응(fight-flight reaction)이 활성화되는 것이다. 즉, 주관적으로 인식된 여러 위험요소가 존재하는 상황에서의 도피반응이다. 주관적 위험은 개인이 상상한 공황감각에 의해 구체화되며 일반적으로 졸도, 사망, 통제력 상실, 과흥분하거나 창피함을 겪는 것과 같은 공포를 포함한다. 공황장애의 맥락에서 본 공황발작이란 과도하게 예민한 신체 각성반응에 대한 공포반응이다. 미래에 일어날 공황발작 가능성에 대한 예기불안은 두려움을 불러일으키는 상황에서의 회피 및 탈출과 결합하여 더욱 극적으로 공황장애 증상을 유발한다(Candilis et al., 1999; Carrera et al., 2006; Cramer, Torgersen, & Kringlen, 2005).

예기불안을 가지고 있는 사람은 잠재적인 위험(임박한 공황발작을 예고하는 감각과 상황)에 민감해진다. 만성적으로 높고 일반화된 각성수준 및 다음 공황발작을 유발할 수 있는 다양한 신호에 대한 예민함은 공황발작을 일으킬 준비태세를 갖춘다. 예기불안과 공황발작이 조합을 이루면 공황장애의 악순환을 형성한다(그림 1.1 참조). 정보, 인지재구성, 자극감응 및 실제 상황에의 노출을 강조하는 CBT는 이러한 패턴을 제거할 수 있으며(Smits, Powers, Cho,

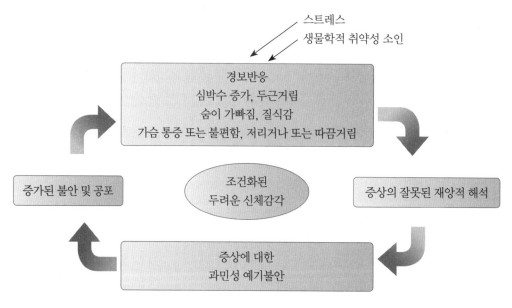

그림 1.1 | 공황장애의 인지행동 모델

& Telch, 2004), 강력한 치료효과를 유지할 수 있게 한다(Furukawa, Watanabe, & Churchill, 2006; Gould, Otto, & Pollack, 1995). 따라서 SAM은 공황장애에 대해서 약리적인 치료에 비해 효과적인 치료이다(McHugh et al., 2007).

벤조디아제핀 테이퍼와 관련된 문제점

벤조디아제핀 복약으로 공황장애를 부분적으로 또는 완전히 조절한 환자는 이러한 복약 테이퍼 및 중단 과정에서 다양하게 잠재하는 어려움에 부딪힌다. 공황발작과 예기불안을 생리적으로 차단했음에도 불구하고 두려운 신체감각은 지속될 수 있다. 느린 테이퍼의 경우에도 벤조디아제핀의 중단은 기분이상(불안, 짜증, 불쾌감), 신경계 증상(근육통, 경직, 두통, 허약, 에너지 저하, 안절부절못함, 근육경련, 성적 흥미 저하, 감기 걸린 것 같은 증상, 이명), 위장관계 증상(식욕부진, 소화불량, 설사), 감각장애(감각 예민성 증가, 통증 감수성 증가, 이상감각, 미각이상, 광과민, 지각왜곡), 수면장애(불면증, 악몽) 및 인지장애(집중력 저하, 언어표현이상, 비현실감, 혼돈) 등을 포함하는 금단증상과 관련이 있을 수 있다(Roy-Byrne & Hommer, 1988; Tyrer, Murphy, & Riley, 1990).

이러한 증상이 발생하면 공황장애 병력이 없는 환자도 테이퍼 과정에 어려움을 겪는다. 공황장애가 있는 환자는 금단증상이 공황발작 증상과 매우 유사하고 테이퍼 과정에 동반되는 금단증상이 두려운 신체감각을 경험하게 할 가능성이 증가하기 때문에 부가적인 어려움에 직면한다. 이러한 감각은 환자가 공황장애 재발에 더 촉각을 곤두세울 때 나타나며, 공황발작으로 이어지는 과각성화, 재앙화된 해석이 증가하면서 특히 금단증상 시 발생하는 감각에 반응하기 쉽다. 벤조디아제핀을 중단하는 것은 조건화된 안전신호, 즉 약물을 복용할 때마다 공황에서 해방되는 시기가 있을 것이라는 기대감을 없애 버린다. 따라서 환자들은 약물복용을 건너뛰면 불안 및 공황증상이 증가될 것이라는 부가적인 어려움을 마주하게 된다. 이 반응을 거짓 금단증상이라고 하며 신체감각에 대한 예기불안과 각성을 증가시켜 공황증상을 촉진할 수 있다(Winokur & Rickels, 1981). 이러한 어려움은 금단반응 및 반동불안이라는 용어로 설명된다. 반동불안은 복약 중단으로 인해 전형적인 수준 이상으로 불안이 증가하는 것을 의미한다. 이것은 기존 장애의 재발을 촉진하고 악화시킬 수 있다. 이러한 어려움 외에도 급성 금단 기간과는 무관하게 공황장애의 재발을 경험할 수도 있다. 이러한 재발은 공황장애의 기본 병리학적 과정(예기불안과 두려운 신체감각)에 대한 치료가 없었기 때문으로 보인다.

요약하면 벤조디아제핀 중단 시 발생하는 어려움에 대한 인지행동 모델은 금단증상의 발생에 민감하고 공황장애의 재발을 두려워하는 시기에 그들이 우려하는 공황증상과 유사한 감각에 노출되는 것을 강조한다(Otto, Pollack, Meltzer-Brody, & Rosenbaum, 1992). 그림 1.2는 이러한 효과 중 일부를 요약한 것이다. 이러한 벤조디아제핀 중단의 어려움을 고려한다면 효과적인 행동 치료란 (a) 조건화된 두려운 신체감각의 감소, (b) 공황감각의 중증도를 관리하는 기술 제공, (c) 환자에게 금단증상을 최소화하는 기술을 제공하는 데 중점을 두어야 한다. 벤조디아제핀 금단증상은 공황장애 환자가 두려워하는 불안, 공황감각과 유사하기 때문에(테이퍼 동안에 공황장애가 다시 발생할 가능성에 대한 불안으로 인한 두려움), 벤조디아제핀 중단 과정을 생물학적 증상을 유발하는 절차로서 개념화했다(Otto et al., 1992). SAM 치료 프로그램은 상호 관련된 네 종류의 중재치료, 즉 자극감응 노출, 인지재구성 기술, 회피 상황에 대한 노출(실제 상황에의 노출), 신체증상 관리기술(횡격막 호흡 및 이완 훈련)을 통합하고 있다. SAM 프로그램의 상호 관련된 중재치료를 활용하여 기저에 있는 공황장애를 치료하는 동시에 환자가 벤조디아제핀 금단증상으로 경험할 수 있는 신체감각에 더 잘 적응할 수 있도록 한다.

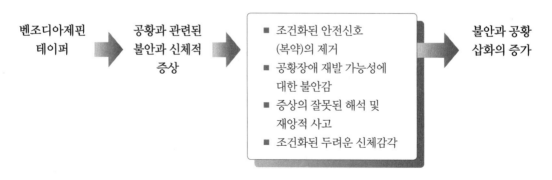

그림 1.2 | 벤조디아제핀 테이퍼와 관련된 어려움의 인지행동 모델

대체치료

다양한 약리학적 치료전략이 벤조디아제핀 테이퍼에 도움이 되는지 평가하는 임상시험이 있었다. 갑작스러운 중단보다는 점진적인 테이퍼가 더 안전하고 덜 괴로우며 성공적으로 중단할 가능성이 커진다. 즉, 짧은 반감기 약물에서 긴 반감기 약물로 전환하면 테이퍼 동안 일어나는 신체감각을 더 빠르게 변화시킬 수 있지만, 이러한 감각을 제거하는 것으로 보이지는 않는다(Denis et al., 2006; Otto et al., 1993). 다양한 약리적 제제의 증가는 공황장애에서 벤조디아제핀 중단에 따른 괴로움을 개선하는 데 잠재적인 효과가 있다고 제안되었지만 체계적으로 통제된 연구에서 입증된 바는 비교적 드물며, 항경련제인 카바마제핀은 효과가 있다는 것과 없다는 혼합된 결과를 보인다(Denis et al., 2006). 범불안장애 환자에서 삼환계 항우울제인 이미프라민이 효과를 보인다는 임상시험 결과가 있다(Rickels et al., 2000). 벤조디아제핀 중단에 대한 활용 가능한 연구를 종합해보면, 인지행동 프로그램은 벤조디아제핀 중단에 효과가 있다고 지속적으로 입증되고 있다(Otto et al., 2002).

치료 프로그램의 위험과 이득

많은 환자들이 벤조디아제핀으로 장기치료를 지속하기로 선택한다(Worthington et al., 1998). 이러한 선택은 공황장애를 지속적으로 관리하기 위해 복약 테이퍼 프로그램을 추구하는 결정 중 한 가지 치료전략으로 환자와 논의되어야 한다. 또한 많은 환자들이 공황장애치료를 극대화하기 위해 여러 약리학적 치료를 병행하는 것을 선택한다(Bruce et al., 2005). 이 치료 프로그램은 이러한 치료전략의 대안이 되며, CBT는 공황장애 조절을 극대화하는 한편 약물치료를 대체하기 위해 사용된다. 치료 프로그램을 시작하는 환자는 벤조디아제핀 중단이 다양하고 불편한 증상과 관련이 있음을 알아야 한다. 느린 테이퍼는 이러한 감각을 감소시킬 것으로 예상되지만 완전히 제거할 수는 없을 것이다. 따라서 환자는 이러한 증상에 대처하는 치료전략에 대한 훈련이 필요하다. 이 치료지침은 그러한 훈련을 제공하는 동시에 근본적인 공황장애에 대한 핵심적인 중재치료를 함께 제공한다. 약물 테이퍼를 실행하기 위한 모든 결정은 약물을 처방하는 의사와 연계하여 이루어져야 하며, 환자들에게 벤조디아제핀을 성급하게 중단하는 것은 위험할 수 있으며 검증된 느린 테이퍼 프로그램이 적절한 의료적 처치임을 분명하게 알려야 한다.

연구에서 모든 환자가 예정된 테이퍼 프로그램을 성공적으로 완료한 것은 아니다(Otto et al., 2002). 따라서 CBT 기술을 지속적으로 개발하면서 테이퍼 프로그램을 멈추거나 늦추는 것에 어려움을 겪는 환자를 돕기 위한 선택사항이 될 수 있다. SAM 프로그램의 전반적인 목표는 환자들이 벤조디아제핀과 공황이 없이 지내도록 하는 것이다. 이 프로그램에 설명된 테이퍼 일정이 너무 어려운 경우에는 치료자와 환자가 함께 목표에 적합한 일정을 계획하는 작업을 해야 한다.

약물의 역할

공황장애에 대한 벤조디아제핀, 항우울제 및 추가 치료방법에 대한 정보는 제 2장에서 제시된다. 제2장은 적절한 시간 동안 테이퍼 및 치료 과정을 마치려는 욕구와 치료 안전성 및 테이퍼 증상의 최소화를 고려한 균형 잡힌 테이퍼 일정을 구성하기 위한 지침을 제공한다. 제2장에서 언급하겠지만 약물 반감기의 차이는 다른 종류의 금단증상을 발생시킬 수 있다. 테이퍼 프로그램으로 유발될 수 있는 증상에 대해 환자가 대비할 수 있는 테이퍼 일정을 수립할 수 있도록 환자 및 처방의사와 협력하는 것이 치료자의 역할이다.

치료 프로그램의 개요

항우울제 중단하기(SAM) 치료 프로그램은 (a) 벤조디아제핀 (또는 항우울제) 중단으로 인한 고통을 줄이고 (b) 약물을 복용하지 않는 상태를 유지할 수 있도록 근본적인 원인인 공황장애를 치료하기 위해 설계된 중재치료를 포함한다. 이 치료자 가이드에는 다음의 네 가지 핵심 치료 구성 요소가 자세히 설명되어 있다.

(1) 정보, 교육 및 인지재구성은 잘못된 정보를 수정하고 공황과 동일한 감각으로 오인하는 재앙화적인 해석(예 : 심박수가 점점 높아지는 것을 심장마비와 동일시하는 것)을 방지하도록 설계되었다.

(2) 자극감응 노출(두려운 신체감각에 대한 체계적 노출)은 개인의 견딜 수 있는 저항력과 벤조디아제핀 테이퍼 및 공황장애와 관련된 신체감각에 대해 점차 편안해지는 목적으로 사용된다.

(3) 두렵거나 회피하고자 하는 상황에 대한 실제 노출법은 환자가 회피하고자 하는 상황에서도 신체감각에 대해 지속적으로 두려워하지 않고 본인의 역할 기능이 온전히 돌아올 수 있도록 돕는다.

(4) 횡격막 호흡 및 점진적 근육이완 훈련은 테이퍼 프로그램 동안 흔히 환자들을 괴롭히는 신체각성 및 과호흡 증상을 감소시키도록 설계되었다.

SAM 프로그램

인지중재치료

인지중재치료는 정보, 교육 및 인지재구성을 포함한다. 1회기로 시작하여 환자에게는 공황장애의 인지행동 모델이 제공된다. 두려움에 대한 두려움 사이클이 기반이 되는 이 모델은 SAM 프로그램에 도입된 모든 자료의 기초적인 뼈대가 되며 환자가 불안과 공황에서 나아가는 변화를 이해할 수 있도록 기틀을 제공한다. 이 모델 외에도 환자에게 불안과 공황발작에 수반되는 생리적 변화에 대한 자세한 정보를 제공하며 두려움에 대한 두려움 사이클에 대한 잘못된 인지적 해석에 대해 교육한다. 여기에서는 두 가지 특정 유형에 대해 논의한다. 가능성 과대평가 및 재앙화 사고가 그것이다. 가능성 과대평가는 공황발작이 부정적인 사건과 관련될 가능성을 과대평가하는 경향을 말한다. 재앙화 사고는 어떤 사건이나 결과를 참을 수 없거나, 감당할 수 없는, 또는 치명적인 일로 인식하는 경향을 말한다. 환자에게 이야기하고 싶은 바는 그러한 생각 자체가 공황발작의 강도를 높이고 공황장애를 지속시키는 데 큰 역할을 한다는 것이다. 환자의 재앙화 사고와 가능성 과대평가가 무엇인지 확인하고, 그러한 인지 왜곡에 대처하기 위한 전략을 제시한다.

인지적 오류를 밝혀내기 위해 기본적인 질문기법을 사용할 수 있다. 예를 들어 환자에게 다음과 같이 질문할 수 있다. "이 상황에서 공황발작이 일어난 다면 생길 수 있는 최악의 상황은 무엇인가요?"

구체적으로 염려되는 것이 확인되면 초기 질문 다음으로 "그 이후에는 어떻게 될까요?"와 "그런 일이 일어난다면 무엇이 안 좋을까요?"와 같은 질문을 이어간다. 이를 통해 환자가 자신의 생각을 충분히 되짚어보고 두려움을 자극하는 핵심 예측 또는 재앙화 사고를 알아채도록 돕는 것이 목표이다. 이 과정에서 환자는 불안한 각성과 공황의 신체감각을 상상 속 재앙적 결과로 인한 것과 구별하게 된다.

가능성 과대평가에 대한 인지중재치료에서는 환자로 하여금 (a) 각 증상에 대한 두려움을 이루는 근본적인 핵심 예측을 확인하고(예 : "내가 공황 상태가 되면 심장마비가 일어날 거야!"), (b) 예측을 사실로서가 아니라 가설로 취급하고, (c) 이 가설을 뒷받침하고 반박하는 증거를 비판적으로 평가한다. 이러한 방식으로 환자는 자신이 두려워한 예측이 일어날 가능성에 대해 보다 현실적인 평가를 할 수 있다. 이처럼 보다 정확한 가능성 추정에 도달하는 것 외에도 특정 사건에 대한 대안적 설명(예 : "흉통은 속 쓰림으로 인한 것일 수 있다.")을 검토할 수 있도록 한다. 이 중재치료의 초점은 공황이나 불안이 일어날 가능성이 아니라 특정한 결과가 불안을 경험하게 할 가능성이 있다는 것을 환자가 이해하는 것이다.

재앙화 사고에 대한 인지중재치료 역시 비슷한 과정이다. 첫째, 환자는 상상 속 재앙의 정확한 본질을 알아야 한다. 둘째, 환자는 최악의 시나리오를 파악하고 그것이 실제로 일어날 수도 있다고 상상해야 한다. 셋째, 환자는 이 사건의 실제적인 심각성을 비판적으로 평가하게 된다. 즉, 환자에게 사건이 상상했던 것만큼 실제로 나쁜지 여부와 그러한 사건이 발생할 경우 대처할 수 있는지를 묻는다. 마지막으로 최악의 상황이 발생하더라도 환자에게 불안과 그 영향은 일시적이고 관리 가능하며 대부분의 재앙적 사건이 실제로 발생할 가능성이 거의 없음을 기억하도록 독려해야 한다.

어떠한 인지적 오류에는 특정 대처전략이 더 적합한 경우가 있다. 예를 들면 공황발작의 결과로 심장마비가 발생할 수 있다는 생각에서 벗어나게 하는 것(탈재앙화)은 어려울 수 있다. 이러한 잘못된 해석은 가능성 과대평가로 다루는 것이 더 좋다.

마찬가지로 공공장소에서 실신하는 경우 실제적으로 당혹감을 경험할 가능성이 상당히 클 수 있다. 그러나 대부분의 사람들은 자신의 삶의 어느 시점에서 당혹감에 대처하는 능력을 갖추고 있다. 당혹감의 결과는 더 쉽게 탈재앙화될 수 있다. 또한 이러한 대처 절차는 만약 부정적인 사건이 실제로 발생한다 하더라도 환자로 하여금 그 부정적인 사건에 대처할 수 있는 능력에 초점을 맞춤으로써 통합될 수 있다. 예컨대 공황으로 인해 슈퍼마켓에서 기절하는 일(비록 환자가 기절한다 하더라도 대처할 수 있다)은 가능성이 매우 희박할 것이다.

이러한 인지전략을 회기 내에서 그리고 자기 집에서 훈련하는 것이 필수적이다.

치료 프로그램의 초기 단계에서 이러한 인지전략은 복약 테이퍼와 연관된 두려움을 감소시키는 목적으로 사용된다. 구성 요소에는 예상되는 금단증상에 대한 잘못된 해석으로 인해 환자가 두려움에 대한 두려움 사이클에 빠지는 구체적인 사례를 포함한다. 환자가 테이퍼 과정을 시작한 후인 4회기 이후에는 앞서 언급한 인지전략을 사용하여 실제 금단증상에 대한 잘못된 해석을 다룬다. 마지막으로 공황과 관련된 두려움은 두려움에 대한 두려움 사이클로의 재진입을 방지하기 위한 하나의 전략으로 다루어진다.

본 프로그램은 이러한 생각에 대해 노출되도록 회기를 구성한다. 이로써 그 생각이 불러일으키는 자동적이고 본능적인 반응을 줄이도록 설계되었다. 이 프로그램은 자극감응 노출 상황에서 환자들을 이러한 생각에 노출시킴으로써 이후 회기에서 추가 훈련을 제공한다. 그러한 생각에 대한 감정적 반응을 감소시키는 것이 목표이므로 이에 수반되는 공황과 관련된 감각의 존재는 이 과정을 촉진시킨다.

추가로 환자들은 금단증상과 함께 사용하도록 고안된 인지전략을 제공받는다. 이 인지전략은 '벤조디아제핀 독감'이라는 증상 이름표를 붙이는 방법이다. 이를 통해 독감에 대처하는 환자의 능력을 활용하여 복약 테이퍼의 일환으로 발생하는 증상에도 그와 동일한 전략을 적용하도록 권장한다. 예를 들어 환자들에게 비록 유쾌한 경험은 아니지만 자신의 삶에서 여러 번 독감증상에 잘 대처했음을 상기시켜주는 것이다. 그러한 증상에 직면할 때 환자는 대체로 재앙화 사고 또는 증가된 불안으로 반응하지는 않는다. 대신 증상이 완화될 때까지 질병을 견뎌낸다. 환자가 이 방법을 복약 테이퍼와 관련된 신체감각에 적용하도록 권장한다. 이 접근법은 다른 공황 조절전략과 함께 환자가 두려움에 대한 두려움의 사이클에 빠지지 않는 방식으로 테이퍼 관련 감각을 관리하도록 도와준다.

종합하자면 SAM 프로그램에 사용된 인지중재치료는 환자에게 불안과 공황증상을 이해하고 해석하기 위한 새로운 틀을 제공하도록 설계되었다. 증상에 대한 정확한 해석은 자극감응 노출기법의 도입과 증상 유발 후(post-induction) 정확한 처리에 도움을 준다. 요컨대 인지중재치료는 증상의 해석에 대한 환자의 인지적 유연성을 향상시키기 위해 사용되고, 자극감응 및 실제 상황에의 노출기술이 이러한 감각에 대한 두려움을 없애기 위한 교정적인 경험을 제공하기 위해 사용된다.

자극감응 노출

자극감응 노출은 체계적이고 통제된 방식으로 공황장애 환자의 증가된 불안과 불안을 유발하는 신체감각을 이끌어내기 위해 사용된다. 이 절차의 목적은 환자의 신체감각에 대한 두려움을 줄이는 것이다. 그러한 감각에 대한 반복적인 노출과 인지 및 이완전략을 리허설함으로써 환자는 다음 목표에 도달하고자 노력한다. (a) 벤조디아제핀 중단으로 인한 금단반응의 일부인 불안 및 공황 유사감각에 대한 두려움의 감소, (b) 공황장애의 일부인 신체감각에 대한 두려움의 제거(이 목표는 환자가 벤조디아제핀 약물을 감소시키면 공황장애가 재발하거나 악화될 수 있기 때문에 중요하다), (c) 이전에 위험하거나 견딜 수 없을 것으로 보이는 감각에 대한 저항력 개선이다. 또한 자극감응 노출은 환자에게 인지전략을 연습할 수 있게 하고 금단증상과 불안, 공황으로 인해 자연적으로 발생하는 감각에 이러한 전략을 쉽게 적용할 수 있는 추가 기회를 제공한다.

환자에게 공황장애의 인지행동 모델을 제시할 때 자극감응 노출에 대한 근거를 소개한다. 앞서 언급한 바와 같이 이 모델은 공황의 신체감각을 잘못 해석할 때 생기는 불안 유발 효과를 강조한다. 후속 회기에서 환자는 자극감응 노출의 목적에 관한 추가 정보를 얻게 된다. 구체적으로 환자들은 조건화(반복되는 연관성)를 통해 두려워하는 감각이 공황반응을 자동으로 유발하게 된다는 것을 알게 된다. 따라서 이러한 자동화 반응을 줄이는 것이 치료의 중요한 요소이다. 어떤 환자들은 통제된 상황에서 두려운 감각을 반복적으로 경험함으로써 이를 달성한다. 이 절차를 통해 환자는 그러한 신체감각을 불안의 경험으로부터 분리하고 본인들이 두려워하는 결과가 궁극적으로 발생하지 않는다는 것을 배우게 된다.

새로운 연습을 시행하기 전에 환자들은 본인이 어떤 감각을 경험하게 될지와 이러한 감각은 연습으로부터 나온 자연스러운 결과라는 것을 알게 된다. 이러한 정보는 환자가 자극감응 노출을 피하지 않고 성공적으로 완료하도록 하는 데 도움을 준다. 자극감응 노출 또는 복약 테이퍼로 유발되는 감각은 환자가 상대적으로 편안한 상태(일부 경우에는 공황에서 해방)에서 점점 불편한 상태로 이행된다. 이 때문에 초기 자극감응 노출을 성공적으로 시행하는 것은 약물중단 프로그램에서 특히 중요하다. 따라서 초기의 자극감응 노출은 환자가 유도된 증상을 가장 잘 인식하고 견딜 수 있도록 돕는 인지전략을 활용하는 것이 중요하다. 이 과정은 주의를 환기시키는 치료 모델보다 대처 및 노출을 기반으로 한 치료 모델의 주요 목표에 부합하며 복약 테이퍼에 의해 유발된 감각을 견딜 수 있는 기초를 제공한다. 이러한 감각에 반복적으로 노출되면 불편한 감각은 빠르게 소멸된다. 따라서 환자에게 감각을 유발하는 활동 및 상황(예 : 공포 상황이나 연습)뿐 아니라 감각을 회피(주의를 환기시킴)하려는 모든 시도를 중단하도록 권장한다.

치료 프로그램의 자극감응 노출에는 머리 돌리기, 의자 회전, 튜브 호흡 등과 같은 다양한 운동이 포함된다(전체 목록은 제7장 5회기 참조). 이러한 운동은 다양한 신체감각을 유발하고 불안, 공황 및 벤조디아제핀 중단으로 인해 발생하는 감각과 유사하기 때문에 선택되었다. 유발된 신체감각이 공황발작의 특징을 나타내지 않더라도 환자는 지정된 운동에 노출되어야 한다. 이 운동은 복약 테이퍼의 결과로 새로운 감각이 발생할 가능성이 있고, 이러한 새로운 감각에 환자를 미리 준비시키는 것이 목표이기 때문에 중요하다. 각 환자에 대한 특정 운동은 환자의 신체 상태를 고려해야 하며 치료자의 재량에 따라 선택된다.

자극감응 노출은 2회기의 첫 부분에 소개되며 SAM 프로그램에서 특히 강조된다. 환자는 회기에서 각각의 운동을 안내받은 다음 집에서도 계속 노출훈련을 하도록 한다. 프로그램에 사용된 노출에서는 안전신호를 단계적으로 감소시킨다. 환자는 치료자의 감독하에 치료실 환경에서 자극감응 노출 절차를 수행하며 초기의 편안함을 얻는다. 환자는 집에서 운동을 마무리하면서 두려움 없이 감각을 유도하는 능력을 향상시키기 위해 노력한다. 환자 집에서 자극감응 노출 훈련으로 편안함을 얻다가 나중 회기에서는 집 외의 장소에서 자극감응 노출을 끝마친다. 다양한 상황에서 환자가 성공적인 노출을 완료하게 되면, 앞으로 이러한 상황에서 신체감각이 발생하더라도 두려움 없이 지나갈 수 있다는 것을 알게 된다. 프로그램화된 자극감응 노출을 통해 환자에게 이러한 감각들이 두려움, 공황 또는 재앙적인 결과 없이 관리될 수 있다는 직접적인 증거를 제공해준다.

다양한 상황과 다양한 조건(환자가 상대적으로 수면이 부족하거나 다양한 수준의 심리사회적 스트레스 또는 테이퍼 관련 증상을 경험할 수 있는 시간을 포함)에서 수행되는 자극감응 노출을 통해 환자는 그러한 감각이 선택된 상황에서만 안전하다기보다는(예 : 치료자가 존재하기 때문에 안전하다, 기분이 좋을 때 안전하다, 또는 집에서 유도될 때 안전하다) 그 자체로 언제 어디서라도 '안전하다'는 것을 충분히 알게 된다. 실제로 최근의 연구에 따르면 안전신호의 존재가 노출의 유익한 효과에 방해가 될 수 있다(Wells et al., 1995). SAM 프로그램에서 안전신호의 단계적 감소는 치료자가 있는 상황에서 다양한 강도로 수행되는 자극감응 노출에서부터 치료자가 없는 상황에서 수행되는 더 어려운 과제에 이르기까지 순차적으로 진행된다. 그림 1.3에서 알 수 있듯이 자극감응 노출의 목표는 이러한 감각의 근원에 관계없이 환자가 불안으로 과하게 각성된 감각에 반응하는 방식을 근본적으로 변화시키는 것이다.

자극감응 노출의 목표는 환자가 불안감을 회피하거나, 딴 데로 관심을 돌리거나, 누그러뜨리려는 불안을 유발하는 패턴을 중단하는 대신 환자 자신의 불안한 경험에 적절히 주의를 기울이고, 수용하고, 탈재앙화하도록 돕는 것이다

불안의 신체감각

공황 유발 반응	안전 유발 반응
■ 이런!!! ■ 만약 내가 죽는다면? 만약 내가 자제력을 잃는다면? ■ 재앙적 기억 ■ 서둘러/긴장해/조절해	■ 감각과 함께 '이완'하기 ■ 감각이 실제 어떻게 느껴지는지를 명확하게 알아차리기 ■ 대처 생각과 대처 기억 사용하기 ■ 당신은 감각과 아무 관련이 없다는 것을 기억하기

그림 1.3 | 신체의 경보반응에 대한 대처방식 재교육

(Otto et al., 2004). 이것은 SAM 프로그램의 초기 단계에서 벤조디아제핀 테이퍼 감각에 대한 두려움 반응에 대해 환자를 '예방시켜주는' 것을 돕기 위해 수행된다. 치료가 진행됨에 따라 자극감응 노출이 더 광범위하게 적용되어 공황장애의 기저에 있는 불안을 유발하는 패턴을 제거하는 데 도움을 주어 불안과 관련된 신체감각이 더 이상 공황발작, 예기불안 및 회피를 유발하지 않도록 해준다.

자연적 노출과 실제 상황에의 노출

점차 다음 단계로 진행하기 위해 환자에게 자연적 노출 그리고 실제 상황에의 노출에 참여하도록 권장한다. 자연적 노출은 환자가 신체 활동, 특정 신체 움직임, 감성적인 영화 시청 및 카페인 음료 마시기 등과 같은 공황과 관련된 감각을 자연스럽게 이끌어내는 활동에 참여하게 하는 것이다. 이러한 활동에 노출되면 환자가 예측하기 어렵거나 제어하기 어려운 감각에 대처하는 법을 배우는 데 도움이 된다. 또한 자연적 노출은 감각이 발생할 수 있는 새로운 활동이나 상황에서의 불안염려를 줄이도록 고안되었다. 마찬가지로 실제 상황에의 노출은 환자가 공황이 예상되는 상황에 접근하고 진입할 기회를 제공한다. 두 가지 유형의 노출 모두 환자에게 공황관리 전략을 인위적이지 않고 보다

자연스럽게 적용할 수 있는 기회를 제공한다. 회피 또는 탈출과는 달리 오히려 행동에 접근하는 것은 환자가 자신이 두려워한 결과가 발생하지 않는다는 것을 깨닫게 하며, 위험을 회피하기보다 원하는 일을 중심으로 일상 활동을 계획할 것을 강조한다. 마지막으로 자연적 노출은 환자가 특정 운동으로 유발될 때뿐만 아니라 다양한 생활환경에서 감각이 유발될 때도 그러한 감각이 안전하다는 것을 배우는 데 도움이 된다.

신체관리 전략

SAM 프로그램의 가장 덜 중요한 구성 요소를 생각해보자면 신체관리 기술인데, 그중에서도 특히 횡격막 호흡 재훈련 및 근육이완 훈련이다. 한 연구에 따르면 이러한 치료 요소를 삭제해도 공황상애에 대한 비슷한 치료 프로그램에서 효과가 감소하지 않는다(Craske et al., 1991; Schmidt et al., 2000). 우리는 불안한 각성을 '통제'하려는 전략이 환자들이 실제로 공황삽화를 유발할 수 있는 긴장을 풀고자 하는 시도로 이어지는 것을 우려한다. SAM 치료 프로그램은 신체관리 기법으로 증상을 제거하는 데 초점을 맞추기보다는 전반적으로 환자가 불안한 감각에 대해 다르게 반응하도록 하는 데 중점을 둔다(예 : "어떻게 이러한 감각에 대해 편안할 수 있을까?"). 그럼에도 불구하고 근육긴장은 벤조디아제핀 테이퍼 동안 정기적으로 유발되는 증상이며, 우리는 환자에게 이러한 만성적인(테이퍼 동안) 증상의 강도와 괴로움을 감소시키는 전략을 제공하고자 한다. 이러한 이유로 SAM 프로그램 동안 횡격막 호흡 및 근육이완에 대한 훈련을 계속 실시하고는 있지만, 공황장애 치료를 위한 핵심 기법이라기보다는 테이퍼 관련 증상을 관리하는 방법으로 이러한 전략을 조심스럽게 소개한다.

개인 대 집단 치료

SAM 치료 프로그램은 개인 또는 집단으로 시행할 수 있다. 프로그램 효능을 뒷받침하는 최초의 통제된 임상연구(Otto et al., 1993)는 집단치료로 수행되었지만, 임상 실무에서는 개별적인 치료가 빈번하게 적용되었다. 집단 프로그램은 일반적으로 저렴한 비용으로 환자에게 효과적인 치료를 제공하고 집단 내 다른 사람들로부터 배울 수 있는 기회를 제공한다. 그러나 집단치료에서는 전체 환자 집단을 평가하고 전체 계획이 완료될 때까지 개별 환자의 벤조디아제핀 테이퍼를 연기한다. 따라서 대부분의 환경에서는 개인치료가 보다 시기적절하고 용이하게 제공받을 수 있다. 개인치료의 효과는 벤조디아제핀 중단에 대한 CBT의 다른 적용에서도 입증되었다(Hegel et al., 1994; Spiegel et al., 1994).

SAM 프로그램의 기타 적용

앞서 언급한 바와 같이 SAM 프로그램은 약물 테이퍼가 목표가 아닌 공황장애 치료에도 성공적으로 적용되었다. 특히 약물요법에 적절하게 반응하지 않는 개인치료에 적용되었다. 또한 집단치료에서도 매우 효과적이었을 뿐만 아니라 약물이 중단된 상황에서 시간이 지남에 따라 치료 효과가 장기적으로 유지되었다(Heldt et al., 2003).

SAM 프로그램의 원리는 불법약물 사용의 치료에도 적용되었다. 특히 약물사용과 관련된 감정적 및 신체적 감각 노출에 초점을 두었는데, 아편제 의존 환자의 지속적인 불법약물 사용의 치료에 메타돈 유지 프로그램이 사용되었다(Otto et al., 2004; Pollack et al., 2002). 이 불법약물 치료 프로그램에서는 약물을 사용하게 하는 내부(주로 감정적인) 및 외부 신호가 감지되고, 이 신호에 대한 대안적인(적응적인) 행동이 논의된다. 다음으로 관련된 감정적 신호가 노출로 유도되고, 신호에 대한 비약물적 반응의 리허설과 함께 감정적 감각 수용 연습이 이어진다. 자극감응 노출기반 전략은 금연에 대한 새로운 치료 프로그램에도 사용되었다. 금연치료에서도 불안증상에 대한 두려움은 금연에 실패하는 위험요소이며(예 : Brown, Kahler, Zvolensky, Lejuez & Ramsey, 2001; Zvolensky, Bonn-Miller, Bernstein, & Marshall, 2006), 따라서 금연 프로그램의 일부로 적용하는 자극감응 노출은 금연 성공률을 장기적으로 향상시키는 것으로 보인다(Zvolensky et al., in press).

종합하자면 이러한 프로그램은 약물을 사용하지 않고자 하는 환자들을 미리 예방시키도록 자극감응 노출을 사용하는 치료 목표와 일치한다. SAM 프로그램의 경우 각성에 대한 신체감각 또는 금단현상에 대한 참을 수 없는 두려움 때문에 다시 벤조디아제핀 치료를 시작하지 않도록 예방해주는 것이다. 물질사용장애의 치료에서도 중독성 물질에 대한 갈망을 높일 수 있는 감정으로부터 환자를 예방하기 위해 자극감응 노출이 유사하게 적용된다. 모든 치료 프로그램에서 환자는 자극감응 노출을 통해 회피하거나 두려워하는 부정적인 감정에 대처하기 위한 다양한 레퍼토리를 배울 것이다.

치료원칙 대 프로토콜

SAM 프로그램은 각 회기의 복표를 달성할 환자의 기술('학습 요소') 측면에서 설명하였다는 점이 가장 큰 특징이다. 이것은 치료자들이 중재치료 체크리스트를 완성하는 방식이 아닌 치료학습에 참석함으로써 각 회기의 성공 여부를 판단하는 데 도움이 된다. 우리는 치료자들이 중재치료의 기본 원리에 충실하고 문제해결에 대한 치료기술을 다양하게 적용함으로써 환자가 치료 목표를 향해 나아가도록 돕는 치료 '예술'을 수행함에 있어 본 접근방식이 도움이 되기를 바란다.

제2장

테이퍼 일정

벤조디아제핀 중단을 위한 테이퍼 일정을 처방하는 것은 궁극적으로 약물 처방의사의 선택이지만 약물 테이퍼의 목표 및 속도(이 장의 테이퍼 정보의 공유를 포함하여)에 대해 치료자, 환자, 처방의사 사이의 의사소통을 확실히 하는 것이 중요하다. 벤조디아제핀의 급속한 중단은 위험하며, 느린 테이퍼는 안전성과 약물중단 시도의 성공 가능성을 최대화하는 이점이 있다.

벤조디아제핀 테이퍼 일정

복용량이 많을 때는 더 빠르게 감소시키다가 복용량이 적어지면 테이퍼 속도를 늦추는 것이 일반적이다. Otto 등(1993)의 연구에서 알프라졸람[자낙스(Xanax®)]에 대한 느린 테이퍼 프로그램은 2.0mg보다 높은 용량일 때는 2일마다 1일용량을 0.25mg씩 감소시키다가 일단 2.0mg 이하의 용량에 도달하면 2일마다 0.125mg를 감소시켰다. 이러한 일정에 따른 테이퍼는 하루 2mg의 용량을 복용하는 환자의 경우 약 5주간 지속된다. 하루 4mg을 복용하는 환자의 경우 테이퍼 기간은 7주 지속된다. 알프라졸람 치료로 발생할 수 있는 연이은 복용으로 인한 반동을 줄이기 위해 종종 1일 4회 일정으로 1일용량을 처방한다. 다른 벤조디아제핀 제제에 대한 테이퍼 일정은 등가용량 변환에 따라 계산할 수 있다(표 2.1 참조). 예를 들어 알프라졸람에 비해 클로나제팜[클로노핀(Klonopin®)]의 효능이 대략 2:1 정도인 경우 1.0mg보다 고용량으로 클로나제팜을 복용하는 환자는 4일마다 0.25mg씩, 그 후 1.0mg 이하의

표 2.1 | 불안과 공황에 흔히 사용하는 벤조디아제핀 약물

약물	등가용량(mg)	반감기(시간)	작용 발현시간
알프라졸람(Alprazolam) 　상품명 : 자낙스(Xanax®)	1.0	12~15	중간-빠름
클로나제팜(Clonazepam) 　상품명 : 클로노핀(Klonopin®)	0.5	15~50	중간
로라제팜(Lorazepam) 　상품명 : 아티반(Ativan®)	2.0	10~20	중간
클로라제페이트(Clorazepate) 　상품명 : 트랑센(Tranxene®)	15.0	30~200	빠름
디아제팜(Diazepam) 　상품명 : 발륨(Valium®)	10.0	20~100	빠름
클로르디아제폭사이드(Chlordiazepoxide) 　상품명 : 리브륨(Librium®)	20.0	5~30	중간

복용량에 대해서는 4일마다 0.125mg씩 복용량을 줄인다. 현재 클로나제팜 0.25mg 정제는 구하기 어렵다. 대신 테이퍼의 마지막 1mg에 대해서는 8일마다 0.25mg(사용 가능한 0.5mg 정제의 절반)을 줄이면 된다. 표 2.2의 클로나제팜에 대한 테이퍼(taper) 일정은 현재 사용 가능한 0.5mg 정제에 해당한다. 알프라졸람에 대한 테이퍼 일정은 표 2.3에 나와 있다. 참고할 수 있는 바와 같이 샘플 일정에는 복용량이 0인 날이 포함되어 있는데, 이는 치료자로 하여금 약물중단 후에도 모니터링을 계속할 수 있게 해준다.

환자에게 계획된 테이퍼 일정을 알리고 진행 상황을 스스로 모니터링하는 데 적극적으로 참여할 수 있도록 표 2.2나 표 2.3과 같은 테이퍼 일정표를 사용하는 것이 유익하다. 일정표에는 매일 복용하는 약물의 총복용량과 해당 날짜의 복용 스케줄에 대한 서면 정보가 제공되어야 한다.

또한 환자가 복용한 실제 복용량을 기록할 수 있는 공간도 있어야 한다. 이 기록은 모니터링하는 처방의사와 환자에게 필요에 따라 복용량의 증가 및 환자가 계획된 복용량 감소를 유지할 수 있는지 혹은 없는지를 추적하는 수단이 된다. 우리는 약물 복용의 느린 감소를 강조하면서도 가끔씩 필요에 따른(pro

표 2.2 | 클로나제팜 샘플 테이퍼 일정

| 주/일 | 복용량(mg) | | | | 1일 총량 |
	아침	낮	저녁	취침시간	
1주					
1일	예정량: 0.75 복용량: _____	예정량: 0.00 복용량: _____	예정량: 0.50 복용량: _____	예정량: 0.00 복용량: _____	1.25
2일	예정량: 0.75 복용량: _____	예정량: 0.00 복용량: _____	예정량: 0.50 복용량: _____	예정량: 0.00 복용량: _____	1.25
3일	예정량: 0.75 복용량: _____	예정량: 0.00 복용량: _____	예정량: 0.50 복용량: _____	예정량: 0.00 복용량: _____	1.25
4일	예정량: 0.75 복용량: _____	예정량: 0.00 복용량: _____	예정량: 0.50 복용량: _____	예정량: 0.00 복용량: _____	1.25
5일	예정량: 0.50 복용량: _____	예정량: 0.00 복용량: _____	예정량: 0.50 복용량: _____	예정량: 0.00 복용량: _____	1.00
6일	예정량: 0.50 복용량: _____	예정량: 0.00 복용량: _____	예정량: 0.50 복용량: _____	예정량: 0.00 복용량: _____	1.00
7일	예정량: 0.50 복용량: _____	예정량: 0.00 복용량: _____	예정량: 0.50 복용량: _____	예정량: 0.00 복용량: _____	1.00
2주					
1일	예정량: 0.50 복용량: _____	예정량: 0.00 복용량: _____	예정량: 0.50 복용량: _____	예정량: 0.00 복용량: _____	1.25
2일	예정량: 0.50 복용량: _____	예정량: 0.00 복용량: _____	예정량: 0.50 복용량: _____	예정량: 0.00 복용량: _____	1.25
3일	예정량: 0.50 복용량: _____	예정량: 0.00 복용량: _____	예정량: 0.50 복용량: _____	예정량: 0.00 복용량: _____	1.25
4일	예정량: 0.50 복용량: _____	예정량: 0.00 복용량: _____	예정량: 0.50 복용량: _____	예정량: 0.00 복용량: _____	1.25
5일	예정량: 0.50 복용량: _____	예정량: 0.00 복용량: _____	예정량: 0.50 복용량: _____	예정량: 0.00 복용량: _____	1.00
6일	예정량: 0.50 복용량: _____	예정량: 0.00 복용량: _____	예정량: 0.25 복용량: _____	예정량: 0.00 복용량: _____	0.75
7일	예정량: 0.50 복용량: _____	예정량: 0.00 복용량: _____	예정량: 0.25 복용량: _____	예정량: 0.00 복용량: _____	0.75

(계속)

표 2.2 | 클로나제팜 샘플 테이퍼 일정(계속)

주/일	복용량(mg)				1일 총량
	아침	낮	저녁	취침시간	
3주					
1일	예정량: 0.50 복용량: _____	예정량: 0.00 복용량: _____	예정량: 0.25 복용량: _____	예정량: 0.00 복용량: _____	0.75
2일	예정량: 0.50 복용량: _____	예정량: 0.00 복용량: _____	예정량: 0.25 복용량: _____	예정량: 0.00 복용량: _____	0.75
3일	예정량: 0.50 복용량: _____	예정량: 0.00 복용량: _____	예정량: 0.25 복용량: _____	예정량: 0.00 복용량: _____	0.75
4일	예정량: 0.50 복용량: _____	예정량: 0.00 복용량: _____	예정량: 0.25 복용량: _____	예정량: 0.00 복용량: _____	0.75
5일	예정량: 0.50 복용량: _____	예정량: 0.00 복용량: _____	예정량: 0.25 복용량: _____	예정량: 0.00 복용량: _____	0.75
6일	예정량: 0.50 복용량: _____	예정량: 0.00 복용량: _____	예정량: 0.25 복용량: _____	예정량: 0.00 복용량: _____	0.75
7일	예정량: 0.25 복용량: _____	예정량: 0.00 복용량: _____	예정량: 0.25 복용량: _____	예정량: 0.00 복용량: _____	0.50
4주					
1일	예정량: 0.25 복용량: _____	예정량: 0.00 복용량: _____	예정량: 0.25 복용량: _____	예정량: 0.00 복용량: _____	0.50
2일	예정량: 0.25 복용량: _____	예정량: 0.00 복용량: _____	예정량: 0.25 복용량: _____	예정량: 0.00 복용량: _____	0.50
3일	예정량: 0.25 복용량: _____	예정량: 0.00 복용량: _____	예정량: 0.25 복용량: _____	예정량: 0.00 복용량: _____	0.50
4일	예정량: 0.25 복용량: _____	예정량: 0.00 복용량: _____	예정량: 0.25 복용량: _____	예정량: 0.00 복용량: _____	0.50
5일	예정량: 0.25 복용량: _____	예정량: 0.00 복용량: _____	예정량: 0.25 복용량: _____	예정량: 0.00 복용량: _____	0.50
6일	예정량: 0.25 복용량: _____	예정량: 0.00 복용량: _____	예정량: 0.25 복용량: _____	예정량: 0.00 복용량: _____	0.50
7일	예정량: 0.25 복용량: _____	예정량: 0.00 복용량: _____	예정량: 0.25 복용량: _____	예정량: 0.00 복용량: _____	0.50

표 2.2 ┃ 클로나제팜 샘플 테이퍼 일정(계속)

주/일	복용량(mg)				1일 총량
	아침	낮	저녁	취침시간	
5주					
1일	예정량: 0.25 복용량: _____	예정량: 0.00 복용량: _____	예정량: 0.00 복용량: _____	예정량: 0.00 복용량: _____	0.25
2일	예정량: 0.25 복용량: _____	예정량: 0.00 복용량: _____	예정량: 0.00 복용량: _____	예정량: 0.00 복용량: _____	0.25
3일	예정량: 0.25 복용량: _____	예정량: 0.00 복용량: _____	예정량: 0.00 복용량: _____	예정량: 0.00 복용량: _____	0.25
4일	예정량: 0.25 복용량: _____	예정량: 0.00 복용량: _____	예정량: 0.00 복용량: _____	예정량: 0.00 복용량: _____	0.25
5일	예정량: 0.25 복용량: _____	예정량: 0.00 복용량: _____	예정량: 0.00 복용량: _____	예정량: 0.00 복용량: _____	0.25
6일	예정량: 0.25 복용량: _____	예정량: 0.00 복용량: _____	예정량: 0.00 복용량: _____	예정량: 0.00 복용량: _____	0.25
7일	예정량: 0.25 복용량: _____	예정량: 0.00 복용량: _____	예정량: 0.00 복용량: _____	예정량: 0.00 복용량: _____	0.25
6주					
1일	예정량: 0.25 복용량: _____	예정량: 0.00 복용량: _____	예정량: 0.00 복용량: _____	예정량: 0.00 복용량: _____	0.25
2일	예정량: 0.00 복용량: _____	예정량: 0.00 복용량: _____	예정량: 0.00 복용량: _____	예정량: 0.00 복용량: _____	0.00
3일	예정량: 0.00 복용량: _____	예정량: 0.00 복용량: _____	예정량: 0.00 복용량: _____	예정량: 0.00 복용량: _____	0.00
4일	예정량: 0.00 복용량: _____	예정량: 0.00 복용량: _____	예정량: 0.00 복용량: _____	예정량: 0.00 복용량: _____	0.00
5일	예정량: 0.00 복용량: _____	예정량: 0.00 복용량: _____	예정량: 0.00 복용량: _____	예정량: 0.00 복용량: _____	0.00
6일	예정량: 0.00 복용량: _____	예정량: 0.00 복용량: _____	예정량: 0.00 복용량: _____	예정량: 0.00 복용량: _____	0.00
7일	예정량: 0.00 복용량: _____	예정량: 0.00 복용량: _____	예정량: 0.00 복용량: _____	예정량: 0.00 복용량: _____	0.00

표 2.3 | 알프라졸람 샘플 테이퍼 일정

주/일	복용량(mg)				1일 총량
	아침	낮	저녁	취침시간	
1주					
1일	예정량: 0.75 복용량: _____	예정량: 0.5 복용량: _____	예정량: 0.75 복용량: _____	예정량: 0.5 복용량: _____	2.5
2일	예정량: 0.75 복용량: _____	예정량: 0.5 복용량: _____	예정량: 0.75 복용량: _____	예정량: 0.5 복용량: _____	2.5
3일	예정량: 0.75 복용량: _____	예정량: 0.5 복용량: _____	예정량: 0.5 복용량: _____	예정량: 0.5 복용량: _____	2.25
4일	예정량: 0.75 복용량: _____	예정량: 0.5 복용량: _____	예정량: 0.5 복용량: _____	예정량: 0.5 복용량: _____	2.25
5일	예정량: 0.5 복용량: _____	예정량: 0.5 복용량: _____	예정량: 0.5 복용량: _____	예정량: 0.5 복용량: _____	2.0
6일	예정량: 0.5 복용량: _____	예정량: 0.5 복용량: _____	예정량: 0.5 복용량: _____	예정량: 0.5 복용량: _____	2.0
7일	예정량: 0.5 복용량: _____	예정량: 0.5 복용량: _____	예정량: 0.5 복용량: _____	예정량: 0.375 복용량: _____	1.875
2주					
1일	예정량: 0.5 복용량: _____	예정량: 0.5 복용량: _____	예정량: 0.5 복용량: _____	예정량: 0.375 복용량: _____	1.875
2일	예정량: 0.5 복용량: _____	예정량: 0.375 복용량: _____	예정량: 0.5 복용량: _____	예정량: 0.375 복용량: _____	1.75
3일	예정량: 0.5 복용량: _____	예정량: 0.375 복용량: _____	예정량: 0.5 복용량: _____	예정량: 0.375 복용량: _____	1.75
4일	예정량: 0.5 복용량: _____	예정량: 0.375 복용량: _____	예정량: 0.375 복용량: _____	예정량: 0.375 복용량: _____	1.625
5일	예정량: 0.5 복용량: _____	예정량: 0.375 복용량: _____	예정량: 0.375 복용량: _____	예정량: 0.375 복용량: _____	1.625
6일	예정량: 0.375 복용량: _____	예정량: 0.375 복용량: _____	예정량: 0.375 복용량: _____	예정량: 0.375 복용량: _____	1.5
7일	예정량: 0.375 복용량: _____	예정량: 0.375 복용량: _____	예정량: 0.375 복용량: _____	예정량: 0.375 복용량: _____	1.5

표 2.3 | 알프라졸람 샘플 테이퍼 일정(계속)

주/일	복용량(mg)				1일 총량
	아침	낮	저녁	취침시간	
3주					
1일	예정량: 0.375 복용량: _____	예정량: 0.375 복용량: _____	예정량: 0.375 복용량: _____	예정량: 0.25 복용량: _____	1.375
2일	예정량: 0.375 복용량: _____	예정량: 0.375 복용량: _____	예정량: 0.375 복용량: _____	예정량: 0.25 복용량: _____	1.375
3일	예정량: 0.375 복용량: _____	예정량: 0.25 복용량: _____	예정량: 0.375 복용량: _____	예정량: 0.25 복용량: _____	1.25
4일	예정량: 0.375 복용량: _____	예정량: 0.25 복용량: _____	예정량: 0.375 복용량: _____	예정량: 0.25 복용량: _____	1.25
5일	예정량: 0.375 복용량: _____	예정량: 0.25 복용량: _____	예정량: 0.25 복용량: _____	예정량: 0.25 복용량: _____	1.125
6일	예정량: 0.375 복용량: _____	예정량: 0.25 복용량: _____	예정량: 0.25 복용량: _____	예정량: 0.25 복용량: _____	1.125
7일	예정량: 0.25 복용량: _____	예정량: 0.25 복용량: _____	예정량: 0.25 복용량: _____	예정량: 0.25 복용량: _____	1.00
4주					
1일	예정량: 0.25 복용량: _____	예정량: 0.25 복용량: _____	예정량: 0.25 복용량: _____	예정량: 0.25 복용량: _____	1.00
2일	예정량: 0.25 복용량: _____	예정량: 0.25 복용량: _____	예정량: 0.25 복용량: _____	예정량: 0.125 복용량: _____	0.875
3일	예정량: 0.25 복용량: _____	예정량: 0.25 복용량: _____	예정량: 0.25 복용량: _____	예정량: 0.125 복용량: _____	0.875
4일	예정량: 0.25 복용량: _____	예정량: 0.125 복용량: _____	예정량: 0.25 복용량: _____	예정량: 0.125 복용량: _____	0.75
5일	예정량: 0.25 복용량: _____	예정량: 0.125 복용량: _____	예정량: 0.25 복용량: _____	예정량: 0.125 복용량: _____	0.75
6일	예정량: 0.25 복용량: _____	예정량: 0.125 복용량: _____	예정량: 0.125 복용량: _____	예정량: 0.125 복용량: _____	0.625
7일	예정량: 0.25 복용량: _____	예정량: 0.125 복용량: _____	예정량: 0.125 복용량: _____	예정량: 0.125 복용량: _____	0.625

(계속)

표 2.3 | 알프라졸람 샘플 테이퍼 일정(계속)

주/일	복용량(mg)				1일 총량
	아침	낮	저녁	취침시간	
5주					
1일	예정량: 0.125 복용량: _____	예정량: 0.125 복용량: _____	예정량: 0.125 복용량: _____	예정량: 0.125 복용량: _____	0.5
2일	예정량: 0.125 복용량: _____	예정량: 0.125 복용량: _____	예정량: 0.125 복용량: _____	예정량: 0.125 복용량: _____	0.5
3일	예정량: 0.125 복용량: _____	예정량: 0.125 복용량: _____	예정량: 0.125 복용량: _____	예정량: 0.00 복용량: _____	0.375
4일	예정량: 0.125 복용량: _____	예정량: 0.125 복용량: _____	예정량: 0.125 복용량: _____	예정량: 0.00 복용량: _____	0.375
5일	예정량: 0.125 복용량: _____	예정량: 0.00 복용량: _____	예정량: 0.125 복용량: _____	예정량: 0.00 복용량: _____	0.25
6일	예정량: 0.125 복용량: _____	예정량: 0.00 복용량: _____	예정량: 0.125 복용량: _____	예정량: 0.00 복용량: _____	0.25
7일	예정량: 0.125 복용량: _____	예정량: 0.00 복용량: _____	예정량: 0.00 복용량: _____	예정량: 0.00 복용량: _____	0.125
6주					
1일	예정량: 0.125 복용량: _____	예정량: 0.00 복용량: _____	예정량: 0.00 복용량: _____	예정량: 0.00 복용량: _____	0.125
2일	예정량: 0.00 복용량: _____	예정량: 0.00 복용량: _____	예정량: 0.00 복용량: _____	예정량: 0.00 복용량: _____	0.00
3일	예정량: 0.00 복용량: _____	예정량: 0.00 복용량: _____	예정량: 0.00 복용량: _____	예정량: 0.00 복용량: _____	0.00
4일	예정량: 0.00 복용량: _____	예정량: 0.00 복용량: _____	예정량: 0.00 복용량: _____	예정량: 0.00 복용량: _____	0.00
5일	예정량: 0.00 복용량: _____	예정량: 0.00 복용량: _____	예정량: 0.00 복용량: _____	예정량: 0.00 복용량: _____	0.00
6일	예정량: 0.00 복용량: _____	예정량: 0.00 복용량: _____	예정량: 0.00 복용량: _____	예정량: 0.00 복용량: _____	0.00
7일	예정량: 0.00 복용량: _____	예정량: 0.00 복용량: _____	예정량: 0.00 복용량: _____	예정량: 0.00 복용량: _____	0.00

re nata, prn) 복용을 허용하도록 하는 권고사항을 따른다. 예정된 용량 감소보다 뒤처진 환자는 그 예정된 감소를 따라잡으려 하지 말고 가급적이면 계획된 느린 테이퍼를 계속하는 것이 바람직하다.

항우울제 테이퍼 일정

항우울제의 중단에도 동일한 일반원칙이 적용된다. 금단 과정을 용이하게 하기 위해 이들 제제는 점진적으로 줄여 나가야 하는데, 복용량이 많을 때는 빠른 속도로 감소시키고, 복용량이 적을 때는 느린 속도로 감소시켜야 한다. 예를 들어 1일 40mg의 파록세틴(paroxetine)을 복용하는 환자의 경우 복용량을 일반적으로 2주마다 10mg씩 줄여 1일 20mg까지 줄이고, 그다음 달에는 1일 10mg까지 줄였다가 이후에 완전히 중단한다. 이와 유사하게 1일 설트랄린(sertraline) 200mg은 2주마다 50mg씩 줄여서 1일 50mg까지 점차 줄이고, 다음 2주 동안 1일 25mg까지 줄인 후에 완전히 중단한다. 벤라팍신(venlafaxine)은 2주마다 75mg씩 줄여 나가서 1일 75mg까지 줄인 다음, 최소 2주 동안 1일 37.5mg까지 감소시켰다가 완전히 중단한다. 어지럼증과 같은 현저한 금단증상이 나타나면 테이퍼 속도를 좀 더 늦춰야 할 수 있다.

중단 증상의 모니터링

중단 증상은 정기적으로 모니터링해야 한다. 이 장에서 제공된 약물중단 시작 이전 2주간 증상의 기준점을 설정하여 중단으로 나타나는 증상을 중단 이전의 기존장애의 특징을 지닌 증상과 비교할 수 있도록 해야 한다. 복약 테이퍼의 시작은 세 번째 회기 이후에나 시작되기 때문에 기준선 기간은 이 치료 기간에 포함된다.

지난주 발생한 전체적(네 가지 혹은 그 이상의 증상) 공황발작의 수 : _____
지난주 발생한 제한적 증상의 공황발작의 수 : _____
다음 항목의 경우 공황발작이 없을 때 나타나는 증상만을 평가하시오(동그라미하시오). 다음 척도를 사용하여
지난주 동안의 발생 빈도/강도에 대해 각 항목을 평가하시오.

0	1	2	3
(없다)	(가끔 있다)	(보통이다/강하다)	(매우 강하다)

불안	0 1 2 3	식욕저하	0 1 2 3
짜증	0 1 2 3	소화불량	0 1 2 3
슬픔	0 1 2 3	위경련 또는 팽창	0 1 2 3
집중하거나 표현하는 데 어려움	0 1 2 3	오심 또는 구토	0 1 2 3
비현실감 또는 이인화	0 1 2 3	설사	0 1 2 3
혼란	0 1 2 3	현기증	0 1 2 3
가만히 앉아 있기 어려움	0 1 2 3	두중감	0 1 2 3
두통	0 1 2 3	발한	0 1 2 3
눈안의 통증	0 1 2 3	떨림	0 1 2 3
근육 강직	0 1 2 3	고양된 기분	0 1 2 3
근육통, 쥐내림	0 1 2 3	공황발작	0 1 2 3
근경련	0 1 2 3	자꾸 눈물남	0 1 2 3
기력저하	0 1 2 3	초조	0 1 2 3
감기, 독감증상	0 1 2 3	기억장애	0 1 2 3
이명	0 1 2 3	기분 동요	0 1 2 3
미각이상	0 1 2 3	불안정한 걸음	0 1 2 3
빛에 과민	0 1 2 3	말하기 어려움	0 1 2 3
소리에 과민	0 1 2 3	타액 증가	0 1 2 3
시야가 흐려짐	0 1 2 3	콧물	0 1 2 3
촉각이상	0 1 2 3	숨이 가빠짐	0 1 2 3
입면 또는 수면 유지 곤란	0 1 2 3	오한	0 1 2 3
악몽	0 1 2 3	발열	0 1 2 3
성욕저하	0 1 2 3	기타 증상	0 1 2 3

제3장

1회기

개요

- 환자의 치료와 관련 이슈를 다룸
- 공황장애의 행동모델에 대해 설명
- 약리학적 치료의 항불안 및 항공황 기전을 논의
- 약물중단과 관련된 증상의 발생을 논의
- 구체적인 치료 중재와 그 근거에 대해 논의
- 증상을 추적하도록 환자에게 지시
- 횡격막 호흡 기술 교육
- 유발시험 결과에 대하여 논의(참고 : 이 치료 요소는 이상적으로는 2회기에서 제시되나, 1회기에서 환자의 질문 중 일부로도 나올 수 있기 때문에 간혹 본 회기에서 제공될 수 있음)
- 공황장애 발생에 대한 질문을 다룸(참고 : 이 치료 요소는 첫 5개 회기 중 하나에서 환자에게 질문을 받을 때 제공될 수 있음)
- 과제 배부

회기 목표 훑어보기

이 회기의 목표는 환자에게 공황장애와 치료에 대한 인지행동 모델에 주의를 기울이도록 하는 것이다. 이 과정에서 주의가 필요하다. 환자는 약물을 중단하기 위한 치료를 받으러 왔으며, 따라서 이전에 치료를 제공받았던 질병 모델에 의해 이 치료에 들어가게 된다. 약한 형태에서 이 모델은 공황장애를 치료하기 위해 약물치료가 선호되는 방법이라는 내용이 포함될 수 있으며, 강한 형태에서 이 모델은 공황장애의 기초가 되는 생화학적 이상을 해결하기 위해 약물치료가 필요하다는 믿음이 포함될 수 있다. 또한 공황장애에 대한 CBT를 시작할 때, 환자는 비교적 수동적인 치료 태도(약물을 복용함)에서 두려움에 대한 두려움 사이클의 요소를 모니터링하고, 이러한 요소들에 대한 새로운 반응을 연습하는 등 적극적인 태도로 전환해야 한다. 환자가 이러한 변화를 만들어낼 수 있도록 이전의 치료 지향을 존중하고, 환자가 인지행동 모델로 전환하는 것을 도울 수 있도록 주의를 기울여야 한다.

이 회기에서 제시된 모델은 환자가 공황 사이클의 삽화를 구성 요소별로 구분하여 두려움에 대한 두려움 반응의 자기 영속적(self-perpetuating) 특성을 이해하도록 도와준다. 이 중재의 전략은 두려움에 대한 두려움 사이클에서 환자의 증상 보고를 구성하면서 환자의 참여를 이끌어내는 것이다. 이 회기에는 또한 횡격막 호흡 훈련도 포함된다. 첫 회기에서 호흡 재훈련을 포함시킴으로써 치료자는 환자에게 정보 획득뿐 아니라 새로운 기술의 습득에도 중점을 둔다는 신호를 준다.

1회기를 성공적으로 수행하기 위해 다음 학습 요소가 중요하다.

- 환자는 이러한 증상들에 대한 두려움과는 별도로 공황의 신체증상을 확인할 능력을 습득한다.
- 환자는 (적어도 잠정적으로) 공황증상을 각성의 증상(투쟁–도피 반응의 요소)으로 볼 수 있다.
- 환자는 공황증상에 대한 재앙적 오해의 역할을 감정적이고 논리적으로 이해할 능력을 습득한다.
- 환자는 두려움에 대한 두려움 사이클의 요소와 공황발작에 수반되는 생각의 본질을 분류하는 데 중점을 둔다.
- 환자는 호흡 스타일을 변화시키는 능력을 습득한다.

치료 오리엔테이션

비밀보장

치료 오리엔테이션에는 환자와 치료자 간의 소개 및 비밀보장에 대한 논의가 포함되어야 한다. 비밀보장 및 비밀보장의 한계(보관해야 하는 진행 노트 등)에 대해서 환자와 논의한다.

중요한 사람의 참여

환자의 사회적 맥락(이 질환과 이번 치료로 인한 요구, 실망, 역할의 변화)을 고려하여 치료 노력을 하게 할 수 있도록 환자 배우자 또는 파트너를 치료 과정에 참여시키기 위한 노력을 한다. 환자는 공황장애의 특성과 치료에 대해 배우자 또는 파트너에게 알리도록 권장받아야 한다. 또한 배우자나 파트너가 숙제와 훈련 연습을 완료하는 데 도움이 되는 이점에 대해 다루어야 한다. 이러한 이점에는 배우자 또는 파트너가 공황감각을 이해하는 데 도움이 되고(환자의 경험에 대한 공감을 크게 증가시킬 수 있음), 환자의 증상 유도의 경험 정상화(배우자 또는 파트너도 유도 절차의 반응으로 증상을 경험한다는 것을 보여줌)가 포함된다.

공황장애의 행동모델

경보반응 소개

1회기에서 제공되는 정보 자료는 환자가 가장 잘 알고 있는 것, 즉 공황삽화의 현상에서 시작된다. 초기 논의의 목표는 환자가 공황의 많은 신체감각들을 확인하게 하고, 신체감각과 그에 수반되는 인지적 및 행동적 사건의 차이점을 이해하도록 하는 것이다.

환자에게 공황발작의 신체증상을 나열하도록 요청하여 이 논의를 시작한다. 증상이 언급되면 칠판에 각각을 적는다. 환자가 증상 목록의 나열을 시작하는 데 어려움을 겪을 경우 '심박수의 증가'와 '호흡수의 증가'를 적어 논의를 유도한다. 그런 다음 환자에게 공황삽화 중에 느낀 점을 기억하여 추가적인 항목을 만들어보도록 요청한다. 이 목록에는 다음과 같은 증상이 포함될 수 있다(그림 3.1 참조): 급격한 또는 요동치는 심장, 빠른 호흡, 숨을 가다듬기 어려움 또는 헐떡임, 현기증 또는 두중감, 떨림, 발한, 숨 막힘, 가슴이 꽉 조이는 느낌 또는 흉통, 기타 근육긴장, 오심 또는 화장실에 가고 싶은 급박함, 비현실감, 몽롱함, 저림 또는 따끔거림, 다리가 무거움, 열이 오르거나 냉기가 돋음. 공황증상에 대한 완전한 설명을 제공하기 위해 환자에게 "때때로 다른 환자들은 ~라고 말해요."라고 언급하며 추가적인 공황증상을 제안함으로써 공황발작의 나머지 증상들을 환자에게 추가할 수 있도록 한다. 이런 방식으로 당신과 환자는 약물중단 과정 동안 공황삽화와 일반화된 불안이 재발할 경우 발생할 수 있는 증상의 범위를 확인할 수 있다.

환자와 함께 목록을 검토하고 모든 공황감각이 적힌 것인지 물어본다. 환자가 죽음, 미쳐감, 또는 통제력 상실에 대한 두려움 등 특정 불안감에 대해 언급한 경우 이러한 두려움들을 목록 오른쪽에 적고, 감각(신체 느낌)과 공포(이러한 증상들에 대한 인지적 해석)의 차이를 명확히 한다. 이 회기 동안 환자는 신체감각에만 집중하도록 한다.

환자가 목록이 완성되었다고 동의한 후 이러한 감각들을 '경보반응'으로 재정의한다. 그 후 경보반응은 공포나 위험에 대한 신체의 자연스러운 반응이라고 설명한다. 이 논의의 목표는 (a) 환자에게 증상을 유발하는 생리학적 변화의 근원과 적응적 의의에 대한 이해를 제공하고, (b) 환자가 수반하는 많은 인지적 및 행동적 반응으로부터 신체감각을 구별할 수 있도록 돕는 것이다. 환자가 정보를 습득할 수 있도록 모든 자료는 구두로 그리고 서면(도표)으로 제

경보반응

- 심장이 쿵쾅거림
- 호흡이 가빠짐
- 발한
- 오심/위장관계 불편감
- 저림/따끔거림/피부에 무언가 기어다니는 느낌

- 현기증/두중감
- 근육긴장/흉부 압박감
- 눈부심/비현실감
- 질식/목 이물감
- 다리가 무거움/무릎 위약감
- 열이 오르거나 냉기가 돋음

그림 3.1 | 경보반응 시 신체증상

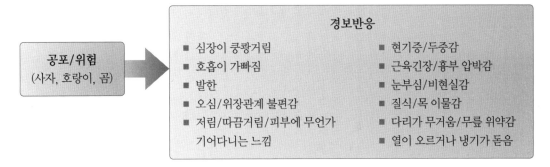

그림 3.2 | 공포/위험으로 촉발된 경보반응

공된다.

　증상들을 위험에 대한 경보반응의 일부라고 정의한다. '경보반응' 열 왼쪽에 '공포/위험'을 적고, 그림 3.2와 같이 '공포/위험' 열에서 '경보반응' 열로 화살표를 그린다. 신체는 공포에 반응하여 자동적으로 생리학적 변화를 일으키며, 이로 인해 나열된 감각들을 느끼게 된다는 사실을 설명한다. 이 논의의 일부로서 공황발작 동안 겪게 되는 신체증상은 신체의 보호 방어 시스템의 일부이며, 생존을 위해 필요한 증상임을 알린다. 증상의 원인과 중요성을 설명할 때 환자가 감각을 어떻게 경험하는지에 대한 논의를 포함한다. 목표는 이 논의가 환자의 공황 경험과 직접적으로 관련이 있고, 각 증상이 그 나름대로 진짜 위협에 대한 합리적인 대응이라고 간주할 수 있도록 하는 것이다.

빠른 심장박동과 빠른 호흡

빠른 심장박동과 빠른 호흡은 어떤 행동을 준비하기 위한 신체의 한 기능이며 필요한 모든 근육군과 필수 기관에 충분한 혈액과 산소가 공급될 수 있도록 해준다. 따라서 산소를 증가시키기 위해서는 빠르고 깊은 호흡이 필요하며, 혈액 공급을 통해 산소를 순환시키기 위해 심장은 더 빠르고 세게 뛰어야 한다.

발한

발한은 공포 동안 흔하게 나타나는 현상이다. 발한의 주요 기능 중 하나는 몸을 식히는 것이다. 발한의 또 다른 효과는 피부를 더 미끄럽게 만드는 것이다.

이 효과는 적응적 의의를 포함할 수 있다. 즉, 위험할 때 미끄러운 몸은 공격하는 동물 또는 사람이 잡으려 하는 것을 훨씬 더 어렵게 할 수 있다.

오심 또는 위 불편감

신체는 위험에 처하게 되면 자연스럽게 필요하지 않은 시스템과 과정들을 차단한다. 이 차단은 유기체가 에너지를 생존에 더 중요한 기능에 쓸 수 있도록 한다. 소화는 위험에 빠진 동안에는 필요하지 않은 과정 중 하나로서 많은 사람들에서 위장 운동 또는 산도가 변할 수 있으며, 이로 인해 위 불편감이 발생할 수 있다. 이러한 감각들은 또한 위험 상황에 나타나는 배변의 원시적 반응과 관련이 있다. 환자들에게 개나 생쥐와 같이 많은 동물들이 공포에 빠졌을 때 배변을 한다는 사실을 상기시킨다. 인간도 동물이며 이런 반응이 나타나는 것이 드문 일이 아니다. 따라서 공포의 와중에 많은 사람들이 오심과 설사를 경험할 수 있다.

저림과 따끔거림

저림과 따끔거림은 두 가지 공통된 기원이 있다. 첫 번째 기원은 과호흡으로 이는 흔하게 저림과 따끔거리는 느낌을 발생시킬 수 있다. 사람들은 종종 한쪽 팔이나 다리, 입 주위 또는 두피에서 이런 감각들을 경험할 수 있다. 과호흡은 단순히 위험에 직면하여 싸우거나 도망칠 준비의 일부로서 빠르게 호흡하려고 하는 과잉반응일 수 있다고 설명한다. 저림과 따끔거림, 또는 적어도 '피부에 무언가가 기어다니는 느낌'의 두 번째 기원은 입모(piloerection)이다. 위험 상태에서 팔, 다리, 두피의 털은 종종 똑바로 선다. 이 반응의 적응적 의의는 접촉이나 움직임에 대한 민감성이 증가하는 것이다. 하지만 모낭의 이러한 작용은 피부 느낌을 이상하게 만들 수도 있다.

현기증 또는 두중감

현기증 또는 두중감은 과호흡으로 인해 발생할 수 있다. 과호흡의 또 다른 영향은 신체의 특정 부위에서 산소 농도가 낮아지는 것이다. 이러한 영향은 위험하지는 않지만 이상한 느낌을 주기에는 충분하다. 과호흡에서 뇌는 산소를 적게 받는 영역 중 하나로 이로 인해 현기증, 두중감, 시각장애, 또는 비현실감이 유발될 수 있다.

가슴이 조이는 느낌 또는 흉통

가슴이 조이는 느낌 또는 흉통은 더 일반적인 근육긴장의 일부이다. 환자는 공황삽화 동안 또는 이후에 욱신거리는 두통의 형태로 근육긴장을 경험할 수도 있다. 근육긴장의 증가는 위험과 이후 행동을 신체가 미리 준비하는 것이다. 특히 흉골 부위에서 느껴지는 흉부 압박감은 실제로 재현되기 쉽다. 이러한 감각은 매우 큰 호흡을 시도하는 사람의 일부에서 발생하는 것으로 보이며, 가슴 근육이 긴장한 상태에서 가슴이 바깥쪽으로 부풀어 오르는 동안 발생하는 것으로 보인다. (이 점을 설명하려면 가슴을 손으로 누르면서 흉식호흡을 여러 번 하면서, 불안한 동안 흉식호흡을 하는 것이 근육 저항에 반하여 호흡하는 것에 버금가는 것임을 보여준다.) 이 특정 감각은 횡격막 호흡을 논의할 때 추가로 설명된다.

비현실감 또는 눈부심

비현실감의 한 측면은 공황발작 시 환경이 더 밝게 보이거나 흐릿하게 보인다는 것이다. 경보반응의 영향 중 하나이며, 과호흡의 간접적 영향으로 동공이 확장된다. 이 동공의 확장은 위험 상황에서 아마도 방어가 필요할 때 더 많은 빛을 받아들이고 적절한 시력을 갖기 위한 반응으로 발생한다. 이 효과는 특히 밤에 방어가 필요한 경우 적용될 수 있다. 이 시력의 변화를 설명하기 위해 환자에게 검안의나 안과의에게 방문했을 때 눈이 확장된 후 시력이 어땠었는지 기억해보도록 한다. 물체가 더 밝거나 빛나 보였을 수 있다.

질식감

질식감은 다음 중 하나일 수 있다. (a) 증가된 근육긴장의 기능으로 목과 식도 주위의 근육에도 영향을 미칠 수 있고, (b) 흉식호흡 및 급격한 공기의 유입과 유출 때문에 유발되는 느낌으로, 목이 건조해지면서 발생되는 느낌일 수 있다.

다리가 무거운 감각

다리가 무거운 감각은 행동을 준비하는 반응의 일부로 나타나는 근육긴장에서 부분적으로 발생할 수 있다. 운동 경기 전에 발생할 수 있는 무거운 다리 경험을 비교적 흔한 예로 들며 논의한다. 달리기 또는 수영경기에서와 같이 레이스를 준비하기 직전에 근육이 어떻게 느껴졌는지, 시작 총이 발사되기 직전에 근육이 어떻게 느껴졌는지에 대해 주의를 기울이도록 환자에게 요구한다. 신체가 위험에 대비할 때 유사한 감각들이 발생할 수 있다.

열 또는 냉기 돋음

열이 오르거나 냉기가 돋는 것은 종종 피부에 땀이 증가하고, 상피층 혈관이 수축되는 이중 작용 때문에 발생한다. 이 효과도 적응적 의의가 있다. 혈관이 수축됨으로써 베이거나 기타 부상이 생겼을 때 출혈이 적어진다. 하지만 땀이 나면서 피부로의 혈류가 감소된다면 열감 또는 냉감을 야기할 수 있다. 상열 감은 과호흡의 흔한 결과이다. 이러한 모든 감각들에 대해 논의할 때, 이러한 증상은 현실적인 위험 조건에서 자연적으로 나타나며 적응적 기능을 한다는 것을 강조한다.

인지적 반응

경보반응의 정의와 그 적응적 의의가 확립되면, 다음 단계는 경보에 대한 인지적 반응을 논의하는 것이다. 이 논의는 신체증상과 이러한 증상에 대한 인지적 및 행동적 반응 간의 구별을 더 가능하게 한다. 실제 위험한 사건에 대한 일반적인 반응을 설명하는 것으로 시작한다. 즉, 실제 위험 상황에서는 실제 위험원에 주의를 기울이기 때문에 경보반응이 눈에 띄지 않을 수 있다. 환자에게 자동차 사고가 났거나, 다른 실제 위험에 노출되었을 때를 상기해보라고 요청하여 이 점을 설명한다. 운전자는 적어도 사고 후 어느 시점까지, 사고가 났을 때 발생한 신체 변화(예 : 심계항진, 근육긴장, 무거운 다리)를 인식하지 못한다. 환자가 실제 위험에 노출될 때 그 위험에 주의를 집중하고, 이러한 상황에서 일반적으로 정상적인 것으로 간주되는 신체반응을 느끼지 못한다는 결론을 내릴 수 있도록 도와준다.

위험이 분명하지 않을 때 경보반응이 시작되면 매우 다른 인지적 반응이 발생할 수 있음을 설명한다. 사람은 위험의 근원에 주의를 기울이지만 외부에 위험한 사건이 없었기 때문에 주의는 내면으로 돌아간다. 이러한 상태에서 감각 자체는 '이런!' 반응이라고 할 수 있는 걱정거리가 될 수 있다. 다음의 예시들을 '경보반응' 열 아래에 적고, 이것들이 공황장애가 있는 환자가 보고하는 가장 흔한 '이런!' 반응임을 설명한다.

- 이게 무슨 일이지?
- 나 심장마비(뇌졸중)인가 봐!!!
- 다른 사람이 알아차리면 어떡하지?
- 쓰러지면 어떡하지?
- 더 나빠지면 어떡하지?
- 나 미치면 어떡하지?
- 통제력을 상실하면 어떡하지?

이러한 진술들을 제시하는 과정은 경보반응에 사용된 것과 동일해야 한다. 즉, 환자로부터 이러한 진술들을 이끌어내지만 환자의 반응이 느리다면 이러한 일반적인 두려움을 제시한다. 이 반응들을 제시할 때 환자에게 가능한 한 범위 내에서 각각에 대해 자세히 설명하도록 요청한다.

목록이 완성되면 이러한 생각들이 얼마나 무서운 것인지 강조할 시간을 갖는다. 이 과정에는 다음과 같은 말이 포함되어야 한다. "공황장애 환자만이 아닌 누구나, 이런 생각을 가지고 이런 것들을 믿는 누구라도 두려움에 빠지게 될 것입니다." 이러한 생각들은 한 사람이 생각할 수 있는 가장 무서운 생각 중 하나임을 강조한다. 이들은 통제력 상실, 사회적 당혹감, 죽음에 대한 생각들이다. 환자에게 "이런 두려움보다 더 나쁜 것은 어떤 것이 있겠습니까?"라고 질문한다.

자기 영속적 사이클의 강조

신체적 및 인지적 반응을 정의한 상태에서 공황 사이클의 자기 영속적 특성에 대해 논의한다. 이 논의는 다음을 검토하며 시작한다.

(1) 경보반응은 겁에 질리거나 위협을 받을 때 발생한다.

(2) 경보반응이 '난데없이' 나타날 때, 그것은 일반적으로 그 자체로 매우 놀라우며, 불안을 유발하는 생각과 자기 초점적 주의가 뒤따르게 된다.

(3) 그러한 불안을 유발하는 생각에 대한 자연적인 반응은 불안의 감각과 경험의 증가이다.

(4) 이 패턴은 두려움에 대한 두려움, 또는 보다 정확하게는 불안 사이클에 대한 두려움 반응에서의 공황의 본질을 구성한다.

이 자료는 구두로 강조되기 때문에 그림 3.3에 있는 것처럼 두려움에 대한 두려움 사이클을 칠판에 그려야 한다. 다음 자료는 신체적 감각과 인지적 해석이 어떻게 서로에게 피드백을 주며 공황 사이클을 촉진할 수 있는지 보여주기 위해 사용된다. (이 프레젠테이션에는 적극적인 연극 스타일이 권장된다.)

공황장애의 핵심 패턴에 대해 어떻게 생각하는지 말씀드리겠습니다. 이 모

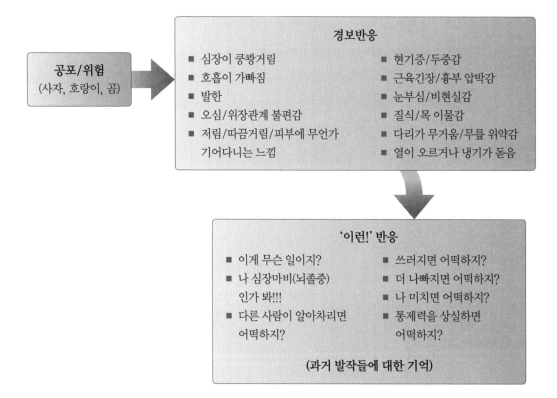

그림 3.3 | 두려움에 대한 두려움 : 인지적 반응

델에서는 뇌를 변연계와 피질, 두 가지 부분으로 단순하게 봅니다. 변연계는 뇌의 매우 오래된 부분입니다. 그것은 원시적인 감정과 생존 시스템에 관련되며, 위험에 주의를 기울이고 자신을 방어하기에 충분한 각성을 제공하는 기능을 합니다. 변연계의 임무는 신체 시스템을 켜서 위험에 대비할 수 있도록 신체가 더 각성되는 것을 도와 위험에 대비하는 것입니다. 이것이 변연계입니다. 저는 뇌의 이 부분이 세고 강력하지만 멍청하다고 생각합니다.

또 다른 부위는 피질로서 뇌에서 생각을 하는 부위입니다. 피질은 당신이 문제를 해결할 수 있도록 돕는데, 부분적으로는 다음에 일어날 수 있는 일에 대한 추론을 제공합니다. 피질은 "만약에…"라고 질문을 던지고, 걱정되는 부분에 대해 설명합니다. 피질과 변연계는 함께 다음과 같이 작동합니다. 당신이 이전에 공황발작을 경험했거나, 공황발작이 일어날 것으로 걱정하는 곳에 들어갈 때, 뇌의 이 생각하는 부위는 이렇게 지적할 것입니다. "여기서 공황이 발생하길 원치 않아, 여기서 아무 일도 일어나지 않길 바라." 그러면 뇌의 다른 부분이 듣고 말합니다. "뭐라고? 무언가 나쁜 일이 여기서 발생할 수도 있다고? 음, 그러면 우리 무언가 준비를 해야 하지 않을까?" 그리고 나서 당신의 심장은 조금 더 빨리 뛰게 됩니다. 그런 다음 생각하는 부위는 다시 "맙소사, 내 심장이 더 빠르게 뛰고 있잖아? 나는 이것이 계속되지 않기를 바라, 나는 더 이상 일이 발생하지 않았으면 좋겠어. 만약 계속 지속된다면 나는 공황에 빠질 거야." 그러면 뇌의 다른 부분이 다음과 같이 대답하겠지요. "뭐라고? 무슨 일인가가 더 생긴다고? 글쎄, 무언가 준비를 해야 하지 않을까?" 그러곤 땀이 많아지고, 호흡이 증가하고, 심장도 빠르게 뛰게 됩니다. 그때 생각하는 부위는 "맙소사, 지금 내 심장은 너무 빨리 뛰고 있고, 나쁜 일이 일어나고 있어!" 다른 부위가 "뭐라고? 뭔가 나쁜 일이 일어날 거라고??? 최악의 상황에 대비하자, 여기에 아드레날린을 좀 주어야겠군." 그러면 생각하는 부위는 "맙소사, 일이 벌어졌구나! 어지러워, 나 쓰러질 것 같아. 심장마비가 오면 어쩌지?" 다른 부위는 "맙소사, 심장마비라니! 준비하자!" 이런 식으로 뇌의 두 부분이 서로에게 영향을 주어 반응을 부풀릴 수 있다는 것입니다.

시간이 지남에 따라 뇌의 이 2개 영역은 이 패턴에 매우 익숙해집니다. 이 패턴을 충분히 훈련하고 나면, 무슨 일만 생기더라도 심장 박동수가 빨라지고, 변연계가 방어 필요성을 즉시 알리는 것으로 시작됩니다. 우리는 이 패턴에서 빠져나올 수 있도록 변연계와 피질을 재훈련해야 합니다. 피질의 경우 우리는 당신의 사고 패턴에 대한 논리적인 평가를 통해 재훈련하지만, 강력하고도 멍청한 변연계 치료를 위해서는 변연계가 이러한 감각들에 반응하지 않도록 가르치기 위해 초기 불안증상을 경험하는 정기적인 연습이 필요합니다.

광장공포증 회피

이 자아 영속적 사이클이 이런 요소들과 함께하는 한 두려움에 대한 두려움 사이클에 대한 논의는 완전하지 않다는 점을 강조한다. 또 다른 요소는 회피이다. 환자가 광장공포증 회피에 접근하는 유용한 모델을 개발하도록 돕는 한 가지 전략은 공황 패턴과는 구분되는 지나치게 학습된 정보의 예를 사용하는 것이다. 그것은 바로 월요일 아침 현상이다. 이런 비유에 대하여 환자에게 대부분의 사람들이 가장 힘든(가장 가기 힘든) 근무 주간의 아침에 대해 물어본다. 전형적인 대답은 월요일 아침일 것이다. 놀랍지 않은가? 주말 동안 업무를 놓은 지 이틀밖에 되지 않았는데도 다시 일하러 가는 것이 어려워진다. 월요일 아침이 어려운 이유 중 적어도 한 가지는 사람들이 (주말 동안) 일을 하던 습관에서 벗어났었고, (이로 인해) 월요일에 일을 하러 돌아가는 것이 더 위협적이 될 수 있다는 것을 설명한다. 어떤 사람은 '(상황에) 익숙해지는 것'에 대해 익숙하지 않다. 이러한 효과는 종종 휴가 후에 더욱 뚜렷하게 나타난다. 이 과정을 개별화하기 위해 당신 고유의 작업 패턴에서 구체적인 예를 들거나, 환자로부터 예를 이끌어내도록 한다. 그다음에는 금요일에 문제가 생긴 후 다음 주 월요일에 출근할 때의 기분을 논의한다. 이러한 반응은 공황발작이 일어난 상황을 회피하면서 일어날 수 있는 것과 같은 종류의 사건임을 강조하면서 다음과 같이 말한다.

당연하게도 어떤 사람이 공황발작이 발생했던 상황으로 다시 돌아가게 된다면 그들은 어떤 기억을 떠올릴 것이고, 그 기억들이 이 칠판에 나열된 '이런!' 생각 중 일부를 촉발하게 될 것입니다. 게다가 만약 그들이 잠시 동안 어떤 상황을 피했다면, 그들은 그 상황에 대한 좋지 않은 기억에 직면할 뿐 아니라 정말로 훈련을 하지도 못하게 됩니다. 바로 그것들에 익숙해지는 훈련을 말합니다. 이러한 조건하에서 그들이 일부 감정적인 흥분이나 불안감을 갖지 않고 그 상황에 들어가는 것은 좋지 않을 것 같습니다. 불행히도 사람들은 보통 이렇게 생각하지 않습니다. "이것은 월요일 아침 현상이야. 나는 이 상황에 다시 처음으로 마주하게 된다면 불안하겠지. 하지만 내가 잠시 동안 머무른다면 나는 다시 익숙해질 것이고 편안함을 느낄 거야." 대신에 그들이 그 상황을 다시 마주할 때, 그들은 감정적인 흥분을 경계하고 그것을 공황 사이클로 해석하며("이런, 공황이 다시 올 것 같아!"), 두려움에 대한 두려움 사이클이 활성화되어 공황발작이 뒤따를 수도 있습니다.

'서둘러/긴장해/조절해' 반응

상황에 대한 회피 외에도 많은 환자들이 자신을 보호하려는 시도와 상황을 회피하려는 시도를 결합한 미묘한 반응을 보인다는 점에 대해서 논의한다. 많은 환자들은 공황감각의 생각이나 경험, 또는 공황 상태가 발생했던 상황에 대응하여 서두르고, 긴장하고, 회피하고자 할 것이다. 이 '서둘러/긴장해/조절해' 반응은 가능한 한 빨리 위험의 영향을 줄이거나 탈출하기 위한 시도(예 : 긴장하고 서두름으로써)에서 회피나 탈출에 대한 인지적 집중과 신체적으로 자신을 지탱(예 : 증가된 근육긴장을 통해)하는 것을 수반한다. 이 반응을 그림 3.4에 나타낸 것과 같이 두려움에 대한 두려움 사이클 그림에 추가한다. 이러한 반응이 어떻게 경보반응의 감각들을 더 이끌어내고(예 : 심박수 증가, 근육긴장 증가), 이로 인해 두려움에 대한 두려움 사이클에 어떻게 영향을 미치는지 반드시 강조해야 한다.

예기불안(불안염려)

재발하는 공황발작이 예상됨에 따라 환자들은 만성적으로 긴장하고 경계해야 하는 처지에 놓이게 된다. 이 만성적이 긴장, 불안, 경계심을 **예기불안**(anticipatory anxiety) 또는 **불안염려**(anxious apprehension)라고 한다. 이 반응이 어떻게 더 큰 불안감을 제공하는지 논의하고, 그 사람이 이러한 감각들을 알아차리고 이것들이 두려움에 대한 두려움 사이클의 일부가 됨을 알도록 한다.

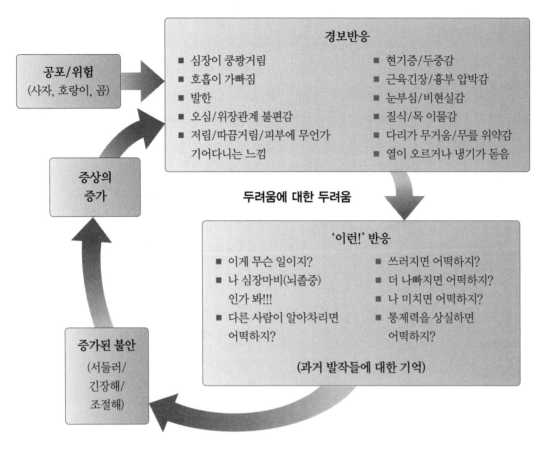

그림 3.4 │ 두려움에 대한 두려움 사이클

두려움에 대한 두려움 사이클 요약

신체감각에 대한 불안염려와 경계심에 대한 논의는 처음에 그렸던 두려움에 대한 두려움 사이클을 완성한다. 이 사이클에 대해 질문을 유도하고 대답한다. 문체상, 우리는 환자에게 "이 두려움에 대한 두려움 사이클의 어떤 것이든 좋으니 당신의 패턴과 맞는 게 있습니까?"라고 질문함으로써 논의를 이끌어 내는 것을 추천한다. 이 모델의 관련성에 대한 당신의 예상을 의도적으로 강조함으로써 환자에게 앞으로 나아가 그녀와 가장 관련이 있는 모형의 측면을 수용할 수 있는 기회를 제공한다. 바로 이것이 목표다. 환자에게 공황장애의 더 넓은 모델을 개발할 수 있도록 하는 것은 그녀에게 이해할 수 있도록 하고, 치료 중재를 따르도록 지도하는 데 도움이 될 수 있다는 것!

환자들이 흔히 묻는 한 가지 질문은 이 행동 모델과 공황장애의 생물학적 모델 간의 차이점에 관한 것이다. 이 질문에 대한 답은 이 장의 뒷부분에 설명되어 있다('유발시험 검토' 참조). 이 시점에서 질문을 하지 않는 경우 이 논의는 첫 번째 회기의 끝이나 2회기 동안 제시되어야 한다.

약리학적 치료 메커니즘

약리학적 치료(알프라졸람, 클로나제팜과 같은 벤조디아제핀이나 이미프라민, 노르트립틸린, 플루옥세틴과 같은 항우울제 등 흔한 치료제)는 여러 효과를 내는 경향이 있다. 첫째, 이러한 약들은 신체가 완전히 경보반응을 울리는 것을 더 어렵게 할 수 있다. 이 모델을 검토하기 위해 그림 3.4를 사용하는 경우 '경보반응' 열 옆에 '부분적 차단'이라고 적어 이 점을 설명한다.

둘째, 이러한 약물들, 특히 벤조디아제핀은 더 일반적인 불안과 각성을 감소시킴으로써 일상의 예기불안 정도를 감소시키는 경향이 있다. 일반화된 불안과 각성의 이러한 감각들이 차단되어 있기 때문에 두려움에 대한 두려움 사이클의 초점이 되는 불안감들이 적어진다.

마지막으로 대부분의 약물치료는 중요한 심리적 요소를 가지고 있다. 많은 환자들의 경우 약을 복용했다는 사실을 알자마자 불안감이 줄어든다. 이러한 반응이 재앙적 사고들을 차단하는 일종의 안전신호라는 점을 설명한다(예 : "맞아, 난 클로노핀을 복용했어. 이제 괜찮아질 거야."). 이 생각이 어떻게 재앙적 생각들을 대체하여 두려움에 대한 두려움 사이클을 악화시키는 것을 예방할 수 있는지 묘사한다. 또한 환자들은 약을 복용한 후에 증상에 대한 경계를 덜하게 될 수도 있다. 환자들은 이러한 효과가 약이 아니라 그들의 증상에 대해 가지고 있는 중요한 어떤 것이라는 점을 상기해야 한다. 또한 일부 환자들에서는 약을 복용하는 것을 멈춘 후에도 약을 가지고 다니는 경우가 드물지 않게 나타난다. 마찬가지로 어떤 환자들은 빈 알약병을 가지고 다닐 수도 있다. 왜냐하면 그렇게 하는 것이 더 안전하다고 느끼며, 공황발작이 차단된다고 여기기 때문이다.

약물중단으로 발생하는 증상

벤조디아제핀 치료 중단으로 인한 영향 중 하나는 몸이 적응함에 따라 환자들이 일정 기간 더 불안감을 느낀다는 것이다. 이 반응은 일정 기간 고삐를 잡고 말을 타다가 고삐를 놓아버린 것과 유사하다. 이때 말은 일반적으로 좀 더 빨리 달리게 된다. 같은 방식으로 신체는 벤조디아제핀 약물에 의해 '고삐를 잡혀' 왔고, 환자들은 약물 테이퍼 과정을 거치면서 신체의 속도가 올라갈 수 있다. 이러한 반응이 중단 과정 중에 발생하는 어려움 중 하나임을 논의한다. 약물이 줄어들면서 불안감은 증가한다. 환자에게 이 반응이 그 과정의 아주 자연스러운 부분이라는 것을 상기시킨다. 문제는 이러한 감각들이 두려움에 대한 두려움 사이클의 맥락에서 해석될 때 발생한다. 칠판에 그려진 자료를 이용하여 이러한 재앙적 해석이 공황발작을 일으킬 수 있음을 설명한다. 이 현상에 대한 한 가지 설명은 두려움에 대한 두려움 사이클 그 자체가 직접적으로 치료된 적이 절대 없다는 것이다. 그 치료에 포함되는 것은 이 프로그램의 목표 중 일부이기도 한데, 즉 중단하는 약물치료의 모든 요소에 대한 중재를 제공하는 것이다.

치료적 중재

다음 치료 구성 요소들에 대해 논의한다. 이 논의의 일부로 칠판에 그려진 두려움에 대한 두려움 사이클(그림 3.4)과 해당 중재의 표적이 되는 사이클의 특정 측면을 참조한다.

신체적 기술

이 개입을 통해 환자는 경보반응 자체를 차단하는 기술을 배운다. 이 기술에는 신체적 감각을 직접적으로 감소시키는 데 도움이 되는 횡격막 호흡의 훈련이 포함된다. 또한 근육이완기법은 환자들이 더 일반적인 불안과 긴장을 줄이도록 도울 수 있다. (그림 3.5와 같이 이 중재에 대한 글을 적는다.) 이 두 가지 기술의 목적은 환자들의 약물이 테이퍼됨에 따라 신체적으로 흥분할 수 있는

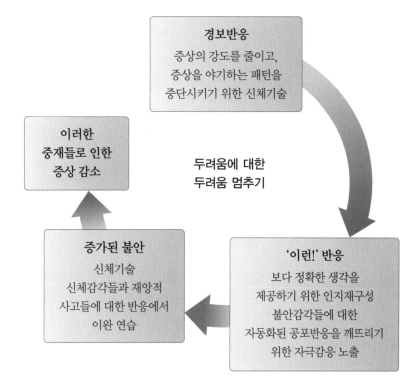

그림 3.5 | 두려움에 대한 두려움 사이클을 멈추기 위한 중재치료

것을 고삐 잡을 수 있도록 돕는 것이다.

인지재구성

치료에는 환자가 재앙적 사고를 재해석하는 데 도움이 되는 인지적 요소가 포함된다. 그 목표는 환자들이 불안을 유발하는 인지적 코칭(cognitive coaching)을 불안을 감소시키는 인지적 코칭으로 대체하도록 하여 이러한 무서운 생각들이 그들에게 미치는 영향을 통제할 수 있도록 하는 것이다. 이 과정을 논의할 때 이 효과는 약물 사용과 관련된 것 중 하나임을 환자에게 상기시킨다. 즉, 환자들은 이렇게 말하는 것을 배웠을지도 모른다. "이제 괜찮아. 약을 먹었으니까 공황에 대해 더 이상 걱정할 필요 없어." (인지적 안전신호) 그림 3.5와 같이 칠판에 이 중재를 적는다.

자극감응 노출

이 중재는 환자가 겁내지 않는 방식으로 신체감각을 재해석하는 데 도움을 주기 위해 고안되었다. 이 중재는 대처반응의 연습과 함께 공포감각에 반복적으로 노출되는 것으로 구성된다. 환자들에게는 이 감각들을 경험하고 다르게 반응하는 방법을 배울 수 있는 특정한 기회가 주어진다. 결과적으로 이 감각들은 공포나 불편감을 유발할 가능성이 작아진다. 그림 3.5와 같이 이 중재를 칠판에 적는다. 자극감응 노출은 점진적으로 그 단계를 높이는 과정으로 시행될 것임을 강조한다.

증상의 추적

환자가 테이퍼 시도 동안 겪을 수 있는 증상을 추적하는 데 사용되는 약물 테이퍼 증상 체크리스트(Medication-Taper Symptom Checklist)를 소개한다. 벤조디아제핀 테이퍼 증상은 불안증상을 모방할 수 있기 때문에 환자가 테이퍼를 시작하기 전 최소한 2주 동안 자신의 증상을 추적하는 것이 중요하다. 이 양식의 정보를 사용하여 약물 테이퍼 프로그램 중에 발생할 수 있는 환자의 증상을 관리하는 전략을 계획한다.

횡격막 호흡 훈련

1회기 마지막에 환자들은 횡격막 호흡 기술에 대한 초기 훈련을 받게 된다. 각 환자에게 흉식 호흡과 횡격막 호흡을 구별하는 것을 도우면서 훈련은 시작된다. 먼저 가슴의 움직임을 과장해 보이면서 흉식 호흡을 시연한다. 이 호흡은 여러 상태에서는 잘 작동하지만, 가슴 근육이 조여질 수 있는 불안 상태에서는 문제가 될 수 있다는 점을 강조한다. 다음으로 횡격막 호흡을 시연한다. 숨을 들이마실 때 복부가 바깥으로 움직이고, 숨을 내쉴 때 긴장을 푸는 모습을 보여준다. 환자에게 이런 방식으로 숨을 쉴 때 가슴은 가만히 있다는 것을 지적한다.

이러한 개념 설명한 후 환자가 연습할 수 있도록 한다. 환자에게 한 손은 가슴에 대고 다른 한 손은 배에 대도록 한 뒤(갈비뼈 바로 아래), 흉식 호흡과 횡격막 호흡의 차이를 관찰하기 위해 여러 번 흉식 호흡을 해보도록 요청한다. 손에서 느껴지는 가슴과 복부의 서로 다른 움직임을 강조하고, 개별적인 피드백을 제공한다. 일부 환자들은 과호흡으로 인해 호흡 연습을 하는 동안 약간의 어지럼증이나 아찔한 느낌을 겪을 수도 있다. 이 환자들에게 이러한 감각들은 환자들이 덜 부자연스러운 호흡 절차를 배우는 과정 중에 발생할 수 있는 과다호흡으로 인한 자연스러운 증상들이라는 점을 설명해야 한다.

흉식 호흡과 횡격막 호흡의 차이를 강조하는 한 가지 방법은 몸을 사용하여 다음과 같은 예시를 드는 것이다. 환자에게 참여를 요청하기 전에 이 훈련을 보여준다. 환자에게 양손을 깍지 끼고 팔꿈치를 벌려서 머리 뒤를 잡게 한다. 이 자세는 가슴 전체에 밀착력을 증가시키고, 숨을 가득 들이쉴 때 가슴압력 증가 또는 가벼운 불편감을 초래한다. 이 운동을 하는 동안 환자가 가슴에서 호흡과 함께 나타나는 가슴의 조임감에 주의를 기울이도록 격려한다. 그다음에는 환자에게 횡격막 호흡으로 숨을 내쉬게 하고 호흡이 얼마나 편해졌는지 알아차리도록 한다. 팔을 풀어 양쪽 옆에 두고 이완된 상태로 횡격막 호흡운동을 반복하도록 한다.

환자에게 횡격막 호흡 연습으로 구성된 횡격막 호흡 연습 기록지를 보여주며, 이 훈련 동안 편안한 정도를 기록하도록 요청한다. 매일 3회 횡격막 호흡을 연습하도록 지시한다.

(1) 한 번은 잠에서 일어날 때, 머리는 베개에 둔 상태로 양손은 횡격막 위에 두어 손이 오르락 내리락 하는 것 보기
(2) 한 번은 낮 동안에 앉은 상태에서, 손을 가슴과 위에 두고 숨을 쉬는 동안 손의 움직임 보기
(3) 마지막 한 번은 저녁에

정기적인 연습의 중요성을 강조한다. 2회기에서 이 기술의 진행 상황을 확인할 것이라고 환자에게 알린다.

유발시험 검토(선택 사항)

환자들은 지속적인 약물치료의 필요성을 강조하는 공황장애의 생물학적 모델을 배웠을지도 모른다. 예를 들어 환자들은 공황장애가 당뇨병과 같아서 인슐린을 복용해야 하는 당뇨병 환자들과 마찬가지로 계속해서 약을 복용해야 한다는 말을 들었을 수 있다. 이러한 모델에 대한 질문이 있을 경우 다음의 논의를 나눈다.

이 분야에서 지배적인 역할을 해온 한 모델에서는 공황장애가 전적으로 생물학적이라고 주장한다. 하지만 지난 수년 동안의 연구들에서는 강한 심리적 요인도 공황장애에 기여하고 있다는 것이 드러나고 있다. 여러 유발시험들의 결과(Otto & Whittal, 1995)는 다음과 같은 점들을 강조한다.

(1) 본래의 유발시험들에서 환자들은 유발원을 투여받았고(요힘빈, 젖산, 이산화탄소[흡입], 강제 과호흡, 또는 카페인 등), 공황장애가 있거나 없는 사람들에서 반응의 차이를 조사했다. 이러한 유발원에 대한 반응으로 공황장애가 있는 사람들은 공황에 빠지는 경향이 있었으며, 공황장애가 없는 사람들은 그렇지 않았다. 이러한 차이는 공황장애가 있는 사람과 없는 사람 간에 존재하는 생물학적 차이의 근거로 해석되었다.

(2) 또 다른 설명은 공포스러운 공황감각을 일으키는 어떤 절차라도 공황발작을 유발할 수 있다는 것이다(공황장애가 있거나 없는 사람에서). 공황발작의 가능성을 결정할 때 필수적인 특징은 증상에 대한 두려움이며, 사람들이 이 두려움을 없애면 증상 유도는 견딜 수 있게 되고, 공황발작은 더 이상 유발되지 않는다.

공황장애의 시작(선택 사항)

맨 처음의 공황발작은 왜 일어났을까에 대한 질문도 종종 들어온다. 대부분의 환자들은 스트레스가 증가한 시기(또는 스트레스 상황이 해결된 직후)에 첫 공황발작을 겪게 된다. 많은 사람들(일반 인구의 약 1/3)이 1년에 한 번 공황과 유사한 삽화를 경험하지만, 완전한 공황장애로 진행되는 경우는 매우 드물다는 것을 설명한다. 첫 번째 공황삽화의 발생은 종종 두려움이 발생하는 사이클보다 훨씬 덜 중요하다는 것을 논의한다. 공황장애가 발생한 사람은 분명히 신체감각들을 다른 원인으로 인한 것이라고 본다(예 : "이런, 오늘 너무 피곤하네." 또는 "이런, 커피를 너무 많이 마셨나?")기보다는 그 감각들에 겁을 먹은 사람들이라는 것은 분명하다.

과제

✎ 환자에게 매일 3회 횡격막 호흡을 연습하고, 횡격막 호흡 연습 기록지를 채워 오도록 한다.

✎ 약물 테이퍼 증상 체크리스트를 사용하여 이번 주의 환자증상을 평가하도록 한다.

제4장

2회기

개요

- 약물 테이퍼 증상 체크리스트 검토
- 횡격막 호흡 기술 검토, 느린 호흡 기술 소개
- 공황장애의 행동 모델 검토
- 공황장애에서 인지의 역할 논의
- 자극감응 노출 시작
- 점진적 근육이완법 교육
- 이완법 동안 발생한 어려움 다루기
- 유발시험의 결과 논의(단, 이상적으로는 이 내용이 2회기에서 다루어지지만 1회기에서 환자의 질문 중에 나올 경우 이어서 다룰 수 있다.)
- 공황장애의 시작 시기 질문(단, 이 내용은 환자가 질문할 경우 처음 제5장의 어느 부분에서도 다룰 수 있다)
- 과제 배부

회기 목표 훑어보기

이 회기의 주 목표는 공황장애를 다루는 인지행동 모델에 대한 환자의 지식을 견고하게 하고, 자극감응 노출 절차를 소개하는 것이다. 이 회기에서도 횡격막 호흡을 계속해서 연습하며, 벤조디아제핀 중단 시 발생할 수 있는 근육긴장을 줄이는 전략으로서 이완법 기술이 소개된다.

이 회기의 구성 요소 중 자극감응 노출을 완료하는 것이 가장 중요하며, 이 노출기법을 설명하면서 환자가 이러한 감각에 대해 부정적인 (그리고 종종 미래에 대한) 해석을 하지 않고 유도된 감각 자체를 경험하도록 하는 데 특히 주의를 기울인다. 일부 환자의 경우 현기증을 유발하는 첫 번째 일련의 연습이 획기적인 경험이 될 수 있다. 이번 회기에서 환자는 세 가지 노출 훈련을 통해 어지러운 감각에 대해 두려워하기보다는 편안하게 느낄 수 있게 변화하는 것을 스스로 관찰할 수 있을 것이다. 만약 이렇게 된다면 치료자는 이 변화가 치료의 본질임을 말해주어야 한다. 다른 방식으로 감각에 대응하는 것은 '두려움에 대한 두려움 사이클'을 깨고 벤조디아제핀 금단감각에 대응하는 탄력성을 기르는 기초를 형성한다.

2회기를 성공적으로 수행하기 위해 다음 학습 요소가 중요하다.

- 불안과 공황을 조장하는 사고전략에 대해 보다 잘 이해한다.
- 자극감응 노출 과정에서 신체감각이 느껴질 때 두려워하지 않고 감각을 알아차리는 능력을 기른다.
- 어지러움이 생길 때 이런 감각에 대한 두려움을 느끼는 것이 아니라 어지러움의 감각을 그저 경험하면서 불안이 감소하는 것을 관찰할 수 있다.
- 자극감응 노출 연습을 중요하게 다루며, 이를 통해 어지러움에 대한 혐오감을 더 감소시키기 위한 전략으로 활용한다.
- 호흡 스타일을 횡격막 호흡으로 바꾸는 능력을 기른다.
- 근육이완을 위한 긴장 완화 방법을 따라하는 능력을 기른다.

약물 테이퍼 증상 체크리스트 검토

약물 테이퍼 증상 체크리스트를 완성했는지 간단히 검토한다. 지난주에 환자가 경험한 증상에 대해 논의하고 약물 테이퍼를 시작하기 전에도 환자가 불안과 공황을 경험했다는 것을 지적한다.

횡격막 호흡 검토

과제 연습 검토

환자의 과제를 검토한다(횡격막 호흡 연습 기록지). 횡격막 호흡 중 발생한 어려움에 대해 논의하고 경과를 검토한다. 경과를 검토하고 이후의 절차를 수행할 때 횡격막 호흡 기술 교육에서 발생할 수 있는 실수를 민감하게 관찰한다. 특히 복근을 효과적으로 사용하는지 본다. 환자는 종종 숨을 들이마시는 동안 복부가 자연스럽게 바깥쪽으로 밀려나도록 하는 것이 아니라 복근을 일부러 바깥쪽으로 밀고 당긴다. 가능하다면 환자와 함께 이 오류를 검토한다. 한편 횡격막 호흡 절차의 연습은 회기 내 연습 시도를 위한 지시문을 따라야 한다.

회기 내 연습 시도

시도 1

의자에 기대어 한 손은 가슴에, 다른 손은 배꼽 바로 위에 놓는다. 흉식 호흡을 예행연습한 다음 적절한 횡격막 호흡으로 전환하도록 한다. 이 연습은 환자가 흉식 호흡과 횡격막 호흡을 구별하고 이렇게 전환하는 연습을 하는 데 도움을 준다. 필요에 따라 수정 피드백을 한다.

시도 2

다양한 자세 및 상황에서도 횡격막 호흡을 적용할 수 있도록 하기 위해 일어서서 이 훈련을 연습하도록 한다.

시도 3

가슴의 압박감이 늘어나면 불안이 동반될 수 있다. 이때 횡격막 호흡으로 전환하는 것을 연습하기 위해 다음 조건에서 같은 훈련을 한다.

1. 다시 의자에 앉아 손을 깍지 낀 뒤 머리 뒤에 놓고 팔꿈치를 뒤로 뻗는다. (가슴의 긴장을 증가시키는 자세이다.)
2. 가슴으로 깊게 몇 번 들이마시도록 한다.

3. 가슴의 압박감이 증가함을 알아차린다. 횡격막 호흡으로 전환한다. 호흡을 할 때 가슴의 긴장이 완화되고 편안해짐을 알아차린다.

느린 호흡 기술

이 기술은 조용히 '이 ~~ 완'이라고 말하는 이완신호(relaxation-cue, RC)를 이용하여 호흡 속도를 늦출 수 있도록 도와준다. 호흡 중 이 단어를 생각하도록 한다. 환자는 숨을 들이마시면서 잠시 정지한 후 첫 음절 '이'를 생각하고, 두 번째 음절 '완'을 생각하면서 숨을 내쉰다. 각 이완의 타이밍은 아주 느리게 진행하며, 음절마다 약 5초를 들여서 아주 편안하고 느린 방식으로 이완을 하도록 한다.

때때로 연습 중에 약간 어지러운 느낌이 들 것이다. 이는 효율적인 횡격막 호흡 방법을 사용하기 위해서는 매우 노력해서 숨을 쉬어야 하기 때문이다. 실제로 이 효과는 만성적으로 흉식 호흡을 하거나 과호흡을 하는 환자에서 더 잘 나타나며 신체가 이산화탄소 수준을 즉각적으로 보상하지 못하기 때문이다. 횡격막 호흡과 흉식 호흡 전략에 드는 효율성과 노력의 차이점에 대해 간단히 논의한다. 흉식 호흡 전략과 관련하여 흉부가 팽창하는 느낌보다는 횡격막 호흡에서 입술, 혀 및 목에서 공기가 이동하는 느낌에 대한 감각 피드백에 특히 주의를 기울이도록 지시한다.

이번 첫 번째 훈련에서는 손의 움직임에 따라 천천히 호흡을 연습하도록 한다. 숨을 들이마시는 동안 손을 천천히 들어올리고(5초) 내쉬는 동안 손을 천천히 내린다(5초). 1분간 횡격막 호흡을 조용히 계속하도록 한다. 이 연습을 주의깊게 살펴보고 어려운 점이 있다면 교정해준다.

치료자 노트

■ 이 훈련이 공황장애의 치료로서가 아니라 약물 테이퍼의 일부로 나타날 수 있는 증상 관리 등 스트레스 관리를 위한 보편적 기술로서 수행하는 것임을 지적한다. ■

공황장애의 행동 모델 검토

1회기에서 설명된 모델을 검토한다. 이 모델(제3장의 그림 3.4 참조)을 회기 전에 보드에 그리거나 환자가 '두려움에 대한 두려움 사이클'을 재구성할 때 치료자가 그리도록 한다. 모델에는 다음 요소를 포함해야 한다.

(1) 경보반응은 두려움이나 위험에 반응하여 자연스럽게 발생한다.

(2) 각 증상은 적응적 의미가 있다(몇 가지를 간단히 검토).

(3) 경보반응에 대한 반응으로 '나는 자제력을 잃을 것이다' 또는 '나는 미칠 것이다'와 같은 '이런!' 반응이 수반된다.

(4) 이는 매우 무서운 생각이기 때문에 불안을 증가시킨다.

(5) 이전의 공황발작 삽화에 대한 기억과 이 삽화가 다시 발생할 것이라는 두려움도 있을 수 있다.

(6) '서둘러/긴장해/조절해' 반응은 인지된 위협에 대한 자연스러운 반응이지만 신체감각을 경험할 가능성을 높인다.

(7) '두려움에 대한 두려움 사이클'은 경계심을 높이고 예기불안을 증가시키며 사이클의 초점이 되는 더 많은 감각을 만들어낸다.

이 모델에 제시된 지시문에 대한 질문이나 의견을 물어본다.

공황장애에서 인지의 역할

다음에서 공황을 조장하는 전략 목록을 검토한다. 이 목록의 목적은 공황장애의 패턴을 악화시키는 경향이 있는 부적응적인 사고 및 전략에 대해 환자가 주의를 기울여 보도록 하는 것이다.

공황을 악화시키는 생각

- 신체증상을 주의깊게 관찰한다.
- 과거의 불안삽화를 생각하고 다시 발생할까 걱정한다.
- 더 이상 불안해지지 않기를 적극적으로 바란다.
- 불안이 약간 증가하는 것에 초점을 맞춘다. 이것이 최악의 징후다.

- 다시는 공황발작을 겪지 않으리라고 맹세한다.
- 공황발작이 발생했던 상황을 절대 피하도록 한다.
- 공황증상을 피한다.
- 불안관리 기술을 당장 마스터할 수 있을 것이라고 기대한다.
- 공황삽화가 있다면 분명히 뭔가 잘못되어 가고 있는 것이라고 생각한다.
- 이 생각이 실제인지를 절대 의심하지 않는다.
- 공황을 두려워한다.
- 발생할 수 있는 많은 사건에 초점을 맞추는 '~면 어떡하지'에 대한 생각을 많이 한다.

  심장이 더 빨리 뛰면 어떡하지?

  심장마비가 생기면 어떡하지?

  자제력을 잃으면 어떡하지?

  넘어지면 어떡하지?

  내가 미치면 어떡하지?

  더 악화되면 어떡하지?

  발작을 일으키면 어떡하지?

  다른 사람들이 알아차리면 어떡하지?

  뇌졸중이 일어나면 어떡하지?

  공황이 이전보다 악화된 것이면 어떡하지?

두려움에 대한 두려움 사이클에서 인지의 역할

환자에게 해당되는 몇 가지 인지와 그 인지가 불안, 걱정 및 공황을 증가시킨다는 것에 대해 논의한다. 예를 들어 다음 사항을 검토해볼 수 있다.

- 신체증상에 세심한 주의를 기울이는 것은 '두려움에 대한 두려움 사이클'의 초점이 되는 증상을 증가시킨다. 몸에서는 항상 무슨 일인가 일어나고 있으며, 따라서 환자는 항상 주의를 기울일 만한 신체감각을 찾을 수 있다. 환자가 이러한 감각을 두려움의 방식('두려움에 대한 두려움 사이클'로)으로 해석하면, 이 두려움이 매우 커져서 공황발작을 일으킬 수도 있다.
- 과거의 불안삽화에 대해 생각하고 다시 일어나지 않을까 걱정하는 것은

필연적으로 예기불안을 만들어낸다.

■ 불안해하지 않으려고 노력하는 것이 실제로는 각성과 불안감각을 증가시킨다.

불안삽화의 가장 특징적인 인지를 확인하도록 한다. 이러한 종류의 두려움은 공황장애 패턴의 일부로 자연스럽게 발생한다. 목표는 공황장애에서 발생하여 공황장애를 지속되게 만드는 역기능적 사고 스타일을 인식하도록 돕는 것이다. 인지재구성을 가르치기 위해서는 불안을 유발하는 생각이 발생할 때 이를 신속하게 알아차리도록 해야 한다. 스스로가 이러한 불안 유발 생각을 잘 한다는 것을 인식하고 변화를 위한 생각을 시작할 수 있도록 격려하면서 이 논의를 마무리한다.

자극감응 노출의 시작

신체감각 노출의 이론적 근거

화이트보드에 '두려움에 대한 두려움' 모델을 그려 놓고 신체감각에 대한 단계적 노출의 이론적 근거를 설명한다. 이론적 근거는 다음 정보를 포함해야 한다. 공황장애에서는 환자가 불안의 신체감각에 매우 민감하고 매우 두려워한다는 것이 특징이다. 이 과민함과 두려움 때문에 환자들은 종종 빠른 심장박동과 같은 특정한 신체증상에 반응하여 결국 공황발작까지 일으키는 경우가 있다. 자극감응 노출의 목표는 환자가 감각에 대해 공황삽화로 이어지는 반응을 하지 않고 다르게 반응하도록 하는 것이다. 이는 '두려운 느낌'과 '두려움에 대한 두려움 사이클' 사이의 연결을 약화시킴으로써 가능하다. 통제된 환경에서 반복적으로 감각을 경험하게 하여 이러한 감각에 익숙해지는 법을 배울 수 있게 된다. 자극감응 노출을 처음 연습할 때는 환자가 스스로 감당할 수 있는 사건으로서 신체감각을 겪도록 돕는 것이 중요하다. 약물 테이퍼의 최초 감각을 견딜 수 있게 하기 위해 이 알아차림이 기본이 된다. 이어지는 회기에서 자극감응 노출의 더 넓은 이론적 근거가 제시된다. 이는 '두려움에 대한 두려움 사이클'의 보다 넓은 측면을 타깃으로 하게 된다.

증상 해석의 역할

자극감응 노출 절차를 소개하면서 고통을 유발하는 데 증상의 해석이 어떤 역할을 하는지 검토한다. 유발시험의 결과에 대한 논의를 통해 이 검토를 촉진할 수 있다. 이 결과가 아직 나오지 않은 경우 제3장에 제공된 정보를 제시한다. 결과가 나왔다면 그것을 검토한다. 이 시험에서 참가자들이 증상을 바라보는 방식은 증상을 경험하는 방식에 현격한 차이를 만들어낸다. 예를 들어 증상을 보다 두려워하는 환자는 보다 큰 고통과 공황을 겪는 경향이 있었다. 자극감응 노출치료 중 '경고반응' 목록의 증상 중 일부를 경험하면서 이러한 감각에 더 익숙해지는 것을 연습하게 된다. 화이트보드에서 '두려움에 대한 두려움 사이클'의 '경고반응' 목록 왼쪽에 다음과 같은 코멘트를 적는다.

- 그래, 난 이 감각들이 무엇인지 알지.
- 이 감각들에 익숙해지고 이에 대해 어떤 것도 하지 않을 거야.
- 이 느낌이 어떤지 그저 알아차리고 (감각과 함께) 이완할 거야.

어지러움 유도 : 머리 돌리기 과정

치료자 노트

- 초기 노출은 머리 돌리기를 대상으로 한다. 왜냐하면 (1) 어지러움은 환자들이 흔히 두려워하는 증상이고 (2) 머리 돌리기는 다른 유도 방법에 비해 환자들을 덜 압도시키는 간단한 과정이기 때문이다. 한편 만약 환자가 어지러움에 별로 반응하지 않는 분이라면 이 과정 대신 뒤쪽 회기에 나오는 다른 유도 과정을 사용한다. ■

최초의 자극감응 노출 훈련은 머리 돌리기 과정을 통해 현기증을 유발하는 것이다. 머리 돌리기 시도 전 특정한 목 문제가 없는지 물어본다. 만약 목에 문제가 있다면 머리 돌리기 대신 서서 허리 위쪽의 몸을 흔드는 것으로 대체한다.

먼저 머리를 전후 좌우로 돌리면서 목 근육을 부드럽게 풀어준다. 그다음 어깨를 올려 으쓱하는 것을 두 번 한다(어깨를 들어올려 긴장한 상태로 잠시 유지하다가 다시 긴장을 완전히 푸는 것). 그러면서 근육긴장이 풀어지는 느낌을 익힌다.

이제 실제 머리 돌리기 과정이다. 머리를 앞으로 기울인 채로 머리로 작은 원을 그리게 한다(머리를 너무 크게 돌리면 목 근육이 다칠 수 있기 때문이다). 머리 돌리기 과정을 보여준다. 눈을 감고 머리를 앞으로 기울여 약 20초 간 머리로 작은 원을 그린다. 보여주면서 어떤 느낌이 드는지를 말해준다. 시연이 끝나면 환자에게도 똑같은 과정을 해보도록 요청한다.

다시 한 번 환자가 훈련 중이나 눈을 떴을 때 갑자기 어지러움을 느낀다든지 할 수 있다고 설명한다. 환자가 훈련을 마치면 계속해서 호흡을 하도록 한다(많은 환자들이 이 절차 동안 숨을 참는 경향이 있다). 머리 돌리기 절차로 유발되는 불안이 얼마나 큰지 논의하고, 환자가 이 절차 동안 어떤 감각이 느껴지는지 알아차리도록 노력하기를 격려한다(예 : "어떤 느낌인지를 설명해 주시기 바랍니다. 어지러움인지요? 어디에서 느껴지는지요? 이상하게 느껴지나요? 느끼고 있는 이 감각을 어떻게 묘사할 수 있겠는지 생각해보세요. 기억하세요. 분명히 머리를 돌리면서 이상하다거나 어지럽다고 느끼실 겁니다.") 절차를 끝낸 직후 환자에게 어떤 느낌인지 물어본다. "잘 모르겠어요, 그냥 더 나빠지지 않게 하려고 노력했어요." 또는 "잘 모르겠어요, 그냥 공황발작이 없었으면 좋겠다고 생각했어요."라고 대답하는 것도 일반적인 반응 중 하나다. 그렇다면 환자가 현재의 느낌을 그저 관찰하는 데 다시 집중할 수 있게 해본다. 감각에 대해 느끼는 미래에 대한 두려움과 현재의 느낌은 별개의 것임을 말해준다. 만약 환자가 이 경험에서 불안을 느꼈다고 한다면, 이 감각이 그렇게 끔찍한 이유는 무엇인지 논의한다. 목표는 환자가 이러한 사건에 대해 두려워하지 않고 신체적인 사건으로서 감각을 처리하도록 돕는 것이다.

두 번째 머리 돌리기 시도를 안내하면서 이번 시도를 하면서 감각이 어떤 느낌인지에 주목하고 이러한 감각이 나타날 때 감각을 알아차리고 이완하도록 한다. 두 번째 머리 돌리기 시도를 완료하고 처리한 후에는 유도된 증상에 대해 공황이 아닌 다른 틀을 적용하여 그 증상을 해석하도록 돕는다. 이를 위해 환자가 어릴 때 어지러움을 유발하려고 한 적이 있었는지 물어본다. 예를 들어 많은 어린이들은 빙빙 돌며 원을 그리거나 언덕을 굴러내려가면서 어지러움을 유발하려고 한다. 이러한 경험이 있다면 그 기억을 다시 해보도록 한다. 특히 따뜻한 여름날 친구들과 놀면서 유도된 어지럼증을 즐겁고 기쁘게 느꼈던 기억을 해보도록 요청한다. 환자에게 이 기억을 마음속에 생각하면서 세 번째 시도를 해보도록 한다(머리 돌리기 시도 전 시간을 약간 들여서 환자가 이 어린시절의 사건을 생생하게 기억해보도록 한다). 이 세 번째 시도를 마친 후 환자에게 이전 두 번의 시도와 비교했을 때 감각에 대한 혐오감이 어떻게 다른지 비교하도록 한다. 보다 잘 견딜 수 있었다면(또는 심지어 즐거웠다면), 감각이 혐오스러운지 유쾌한지 여부를 결정하는 데 있어 생각의 역할이 중요하다는 점을 논의한다. 환자가 자신의 생각을 변화시킴으로써 감각을 처리하는 방식을 바꾼 것임을 강조한다. '두려움에 대한 두려움 사이클'을 치료하기 위하여 이 현상이 중요하다는 것을 설명한다. (어릴 때 어지럼증을 느끼면서 놀았던 경험이 없는 환자의 경우 이 인지적 중재는 건너뛰고 세 번째 시도도 처음 두 번과 같은 방식으로 완료한다.)

과제로 환자에게 매일 머리 돌리기 훈련(20초간의 시도를 3회 연속 시행)을 수행하도록 하고 감각에 익숙해지도록 격려한다("목표 중 한 가지는 매일 이러한 감각을 유도함으로써 다음 회기에서는 이러한 감각에 지루해지도록 하는 것입니다."). 회기 중에 수행했던 것처럼 경험하게 될 감각을 미리 준비하도록 한다. "절차를 시작하기 직전에 유도할 감각에 주목하고, 그 감각이 올라오면 감각과 함께 이완하세요."

점진적 근육이완법

근육이완법은 공황장애치료의 필수 요소로 여겨지지는 않지만, 일부 환자는 벤조디아제핀 감량 기간에 만성적 근육긴장을 경험할 수 있으므로 긴장을 줄이는 수단으로 이 기술이 사용된다. 그러나 환자가 이 이완법을 공황발작을 통제하기 위한 전략으로 생각하지 않도록 주의를 기울여야 한다.

이 회기에서 사용된 근육이완법 절차는 Bernstein과 Borcovec(1973)에서 설명된 보다 긴 절차를 수정 적용한 것이다. 긴장이완 방법의 이론적 근거를 제공하는 것으로 이 훈련을 시작한다.

이론적 근거

먼저 아이들은 대부분 상당히 이완되어 있다는 점을 말한다. 아이들은 서 있거나 뛰어다니더라도 보통 근육이 이완되어 있다. 그러나 나이가 들면서 또는 어린 시절 어려움을 겪다 보면, 보통 긴장을 하고 하루를 준비하게 된다. 스트레스를 받을 때 긴장을 하면서 이런 경향성이 생기게 되지만, 시간이 지나면서 우리는 긴장을 푸는 느낌이 무엇인지를 잊어버리게 된다. 그래서 심지어는 우리가 발을 올리고 의자에 앉아서 TV를 볼 때에도 근육은 상당히 긴장해 있을 수 있다. 실제로 근육긴장을 푸는 느낌이 어떤지를 잊어버렸을 수도 있다.

이완법 절차를 배우는 것은 근육긴장을 푸는 능력을 다시 얻게 하는 수단임을 설명한다. 이 절차를 통해 근육 수준에서 긴장을 풀고 이완하는 느낌이 무엇인지를 다시 배울 수 있다. 이 절차는 긴장을 높이고 (손으로 주먹을 쥐어서 보여줌) 잠시 멈춘 다음, 빠르게 긴장을 풀어 (손으로 보여줌) 이 감각의 차이를 알아차려서 원할 때 이것을 반복할 수 있도록 하는 것이다.

다음 지문을 사용하여 이 절차를 하루 중 아무 때나 사용할 수 있음을 강조한다.

자, 이 절차는 가만히 앉아서 이완하고 싶을 때만 사용되는 것이 아닙니다. 달리거나, 책상에 앉아서 일하거나, 운전을 할 때는 과하게 근육긴장을 하고 있을 필요가 없지요. 실제로 운동의 어떤 측면은 불필요한 근육 그룹을 이완하는 데 기초를 둡니다. 특히 체조 선수는 이완기술과 명상기술을 활용하여 체조 공연 준비를 합니다. 같은 원칙이 달리기에도 적용될 수 있습니다. 먼 거리를 달리고자 할 때 가슴이나 어깨 근육을 과하게 긴장하고 있을 이유가 없습니다. 같은 방식으로 책상에 앉아 있을 때 근육을 과하게 긴장시켜 에너지를 낭비할 이유가 없습니다.

점진적 근육이완법 훈련 소개

이 절차 중에 여러 근육을 여러 번 긴장-이완하는 훈련을 하게 된다고 설명한다. 다음 지문에 따라 다음의 각 동작을 보여준다.

이 훈련을 어떻게 하는지 보여드리겠습니다.

- 제가 긴장을 풀라고 말할 때까지 주먹을 쥐고 손을 꽉 쥐어 손을 긴장시킵니다.
- 팔꿈치를 구부리고 어깨 근처까지 손을 올려 팔뚝을 긴장시킵니다.
- 어깨를 으쓱하는 것처럼 어깨를 귀 쪽으로 들어 올려 아래쪽 목과 위쪽 어깨와 등을 긴장시킵니다.
- 눈을 감은 채로 눈썹을 올려서 (또는 눈썹을 내려서) 위쪽 얼굴을 긴장시킵니다. (이 시점에서 환자에게 이 훈련을 해보도록 한다. 일부 사람들은 눈썹을 올려 얼굴을 긴장시키는 것을 어려워하는데, 그럼 눈썹을 내려서 이마를 주름지게 하는 것으로 대체한다.)
- 얼굴을 찡그리면서 가볍게 이를 앙다물고 입술을 서로 눌러 얼굴 아래쪽을 긴장시킵니다.
- 숨을 크게 들이마시고 몇 초 동안 참으면서 가슴을 긴장시킵니다.

또한 초기 회기 동안 이완법 기술을 더 잘 익히도록 하기 위해 심상 유도를 활용하기를 격려한다.

이 절차에 대해 질문이 없는지 물어본다. 질문에 답한다. 이어지는 설명은 환자가 '이완-유도 공황발작'을 경험하지 않도록 하기 위한 것이다.

이완법 절차 중 경험할 수 있는 감각에 대해서도 말씀드리고자 합니다. 어떤 사람들은 긴장을 풀려고 할 때 여러 가지 느낌을 경험합니다. 예를 들어 어떤 사람들은 팔이나 다리가 무거워지는 느낌이나 따뜻해지는 느낌을 경험합니다. 또 어떤 사람들은 실제 심장이 두세 번 연속 쿵쿵거리거나 약간 어지러움을 느끼기도 합니다. 이 모든 것은 당신이 실제로 아주 이완되고 있다는 신호입니다. 무언가 매우 다른 일이 일어나고 있다는 느낌을 받게 됩니다. 그 이유 중 하나는 (이완 중) 혈관 수축의 변화가 일어나 심박이 거기에 맞춰 변하기 때문입니다. 이때 피부는 따뜻해지고 몸에 평소와 다른 감각이 느껴집니다. 만약 이런 감각이 느껴진다면 이 절차를 잘 수행하고 있다는 신호로 받아들이세요. 때때로 어떤 사람들은 이 감각에 불편을 느끼거나, 통제력을 잃어버렸다는 신호로 생각하기도 합니다. 실제로는 이 감각은 통제력을 회복했다는 신호입니다. 스스로 근육이 이완되는 정도에 직접적으로 영향을 주고 있는 것이기 때문입니다. 그럼에도 불편함을 느끼게 된다면 감각은 자연스러운 것이며 좋은 신호라는 것을 상기하세요. 제 목소리는 상관하지 말고 스스로 편안함을 느끼도록 가만히 있어도 되며,

준비가 될 때 다시 절차로 돌아갈 수 있습니다. 좋아요, 지금까지 질문 있나요?

(부록 A에 이완-유발 불안을 조절하기 위한 추가 방법이 나와 있다.)

질문이 없으면 환자와 다시 한 번 진행해야 하는 절차를 검토한다(각 근육 그룹을 긴장시키는 방법에 대한 이전 지문을 반복한다.) 다음과 같이 마무리한다.

각 경우에 그 훈련을 실제로 하기 전에 그에 대해 설명할 것입니다. 저는 '긴장'이라는 단어를 말함으로써 근육을 긴장시키라는 신호를 줄 것입니다. 긴장을 풀게 하고자 할 때 저는 '이완'이라고 말할 것이고, 그러면 긴장을 한 번에 푸세요. 완전히 다른 그 느낌을 온전히 느껴보시면 좋겠습니다. 예를 들어 팔을 들었다가 (팔뚝을 긴장시키는 자세를 보여준다.) 팔이 무릎에 툭 떨어질 수 있도록 한 번에 놓아버리세요. (이 동작을 보여준다.)

회기 내 연습

이 절차와 이론적 근거를 소개한 후 편안하게 앉아 절차를 시작하도록 한다. 이완법 절차를 하면서 일련의 근육 그룹 각각을 두 번씩 긴장했다가 이완하도록 한다. 긴장이라는 단어를 말한 다음 약 5~7초 후에 휴식을 취하여 긴장감이 유지되는 시간을 조절한다. 편안한 목소리로 긴장기와 이완기 간의 느낌 차이를 알아차리도록 한다. 같은 또는 다른 근육 그룹의 다음 번 긴장기로 넘어가기 전에 약 15~20초 동안 이완기를 알아차리고 (이완된 느낌을) 즐기도록 한다. 때때로 이 절차를 잘 수행하기 위해 근육긴장을 그렇게 많이 유발할 필요가 없다는 것을 상기시킨다. 중요한 것은 긴장을 흘려보내는 것이다. 특정한 통증 또는 기타 신체적 문제가 있어서 움직임이 제한되거나 이 운동이 불편감이나 통증을 만들지 않는 이상, 다음 근육 그룹의 긴장-완화 훈련을 완료해야 한다. 다음 운동으로 넘어가기 전에 각 운동을 두 번씩 수행한다.

- **손 긴장** : 5~7초 동안 주먹을 쥐어 손근육을 긴장시킨다.
- **위팔 긴장** : 어깨 근처에 손을 올려 팔을 구부린다(팔이나 팔뚝 앞쪽에 긴장을 느껴야 한다).

- **어깨 긴장** : 어깨를 귀 쪽으로 올려 어깨를 약간 으쓱한다.
- **위 얼굴 긴장** : 눈을 감고 눈썹을 올린다(반대로 눈썹을 낮출 수도 잇다).
- **아래 얼굴 긴장** : 얼굴을 찡그리면서 입술과 치아를 (가볍게) 누른다.
- **가슴 긴장** : 숨을 깊게 들이쉬고 숨을 참는다.

이완법 훈련을 마친 후에는 집에서 수행할 과제를 준다. 이때 흔한 실수는 절차를 너무 빨리 서두르거나 연습 시간을 따로 할당하지 않는 것이다. 이완법 훈련을 하기 위해서 하루에 필요한 연습 시간은 15분이다. 또한 약 5초간 긴장을 하고 15초간 긴장을 놓아야 한다는 것, 그리고 긴장하는 것이 아니라 긴장을 놓는 것이 이완법 절차에서 가장 중요하다는 것을 강조한다. 너무 많은 긴장을 하지 말고, 다만 충분히 느낄 수 있도록 한다. 연습 첫 주 동안 매일 15분의 연습 회기를 완료하도록 한다.

이완법 수행 중 환자들이 느끼는 어려움

공황장애가 있는 사람들이 이완법 기술을 시작하려 할 때 발생하는 세 가지 흔한 어려움이 있다. (1) 이완된 느낌에 대한 두려움, (2) 보호받지 못하고 있음에 대한 두려움, (3) 잡생각이 그것이다. 이를 함께 간단히 검토하고 필요하다면 자세히 다룬다.

이완된 느낌에 대한 두려움

이완은 종종 각성되는 감각과 반대되는 여러 감각을 유도한다. 즉, 성공적으로 이완하면 팔이나 다리의 무거운 느낌, 따뜻한 느낌, 여러 번의 강한 심장박동을 느끼게 된다. 우리 몸의 각성 수준을 변화시키기 때문에 이런 변화가 일어나는 것이다. 이완하는 동안 피부로의 혈류가 증가하여 따뜻함이 느껴지고, 심장은 이러한 혈류의 변화에 적응하기 위해 심박수를 변화시킨다. 때때로 사람들은 이러한 감각을 통제력 상실로 잘못 해석하기도 한다. 사실은 그 반대라는 것을 강조한다. 이러한 감각은 우리가 성공적으로 각성 수준을 변화시키고 있다는 신호이다. 그럼에도 불구하고 이러한 감각에 대해 준비되어 있지 않고 두려움에 대한 두려움 사이클 측면에서 해석한다면("이러면 안 돼.", "무언가 잘못됐어.", "나는 통제력을 잃고 있어."), 자연스러운 이완감에도 불구하고 불안해질 수 있다. 이는 감각의 해석이 얼마나 중요한지를 보여준다. 공황장애가 있으면 신체감각을 매우 두려워하게 되어 이완법 절차에서조차 두려움과 불안을 느낄 수 있다.

좋은 소식은 이 반응은 다루기 매우 쉽다는 것이다. 무거운 느낌, 따뜻한 느낌, 또는 심박수의 변화가 자연스러운 현상임을 알게 되면, 이러한 감각에 대해 걱정할 가능성은 거의 없어진다. 환자가 이러한 감각을 경험한다면 성공적으로 이완을 했다는 신호라는 것을 상기시키고 즐기도록 한다. 환자가 처음에 이러한 감각에 익숙하지 않다면 이완법 절차를 잠깐 멈추고, 이러한 감각은 우리가 바랐던 것이며 자연스러운 효과임을 다시 상기한 후 준비가 되면 언제든 다시 훈련을 계속하면 된다.

보호받지 못하고 있음에 대한 두려움

이완법 절차 중 안전하지 못하다는 두려움을 느낀다면 매일매일에 대처하는 방법으로써 스스로를 지속적으로 긴장시키는 방식을 만들어 왔을 수 있음을 시사한다. 근육긴장은 위험에 대비하기 위한 방법이다. 때로 유아기에는 몸을 뻣뻣하게 함으로써 불확실한 사건을 준비하기 시작한다. 이를 신체를 보호하는 갑옷을 입어 보는 느낌으로 설명하기도 한다. 긴장은 불확실성, 문제, 위험에 대비하는 신호 중 하나가 된다. 이완 절차 중에 이 갑옷을 벗게 되면, 갑자기 약해졌다고 느낄 수 있다.

환자에게 이런 일이 발생하면 안전하지 못한 것이 아니며, 과도한 신체긴장을 줄이는 방법을 배움으로써 더 편안해질 수 있다는 것을 알게 한다. 과도한 신체긴장은 실제로 어떤 도움도 되지 않으며, 이완함으로써 몸을 보다 효과적으로 다루는 법을 배우는 것이다. 이완법은 환자가 일하거나 다른 사람들과 상호 작용하거나 운동하는 동안에도 사용할 수 있다. 모든 경우에 목표는 동일하다. 기분을 나쁘게 만드는 과도한 긴장을 제거하는 데 도움을 주기 위한 것이다.

환자가 이완법 과정 중의 어려운 순간을 잘 겪도록 하기 위해 근육긴장 수준을 조절하는 능력이 향상되고 있으며, 원한다면 언제든지 더 긴장할 수도 있지만, 새로운 절차를 배우면서 다른 느낌을 느낄 수 있는 기회를 주고 싶다는 것을 상기시킨다. 또한 이 과정은 해야 할 일을 더 효과적으로 수행하는 데 도움을 줄 것이다. 종종 이렇게 상기시키고 집에서의 과제를 하면 이완법 과정에 익숙해지기에 충분하다.

잡생각

잡생각에는 가장 일반적으로 하루 동안 해야 하는 많은 일들에 대한 생각이 포함된다. 이러한 생각 때문에 이완감을 온전히 즐기지 못하거나 이 과정을 서둘러 끝내게 될 수 있고, 긴장-이완 방법의 완전한 이점을 얻지 못하게 될 수 있다는 점을 설명한다. 이런 문제가 생기지 않고 이완법 과정 중 편안함을 온전히 느낄 수 있도록 다음 추가 조치를 취하도록 권장한다.

이완법 과정을 시작하기 전에 이완 연습은 당신 자신을 위한 것임을 상기합니다. 하루 중 이완법 연습을 완료하는 데 걸리는 (약 15분간의) 시간은 당신의 시간입니다. 하루 중 당신 자신을 위해 무언가를 하는 몇 분의 시간인 것입니다. 목표는 이 시간을 가능한 한 즐겁게 만드는 것입니다. 서둘러야 하거나 다음 활동을 계획할 필요가 없습니다. 왜냐하면 다른 일이 일어나더라도 이 절차에는 시간이 걸리기 때문입니다. 모든 순간을 즐기세요!

과제

- ✎ 매일 3회 횡격막 호흡 기술을 연습하도록 한다.
- ✎ 느린 호흡 연습을 하도록 한다. 연습은 '횡격막 호흡 연습 기록지'에 기록한다.
- ✎ 매일 머리 돌리기 운동을 수행하고 (20초간의 시도를 연속 3회 시행) '증상 유도 기록지'에 연습내용을 기록하도록 한다.
- ✎ 매일 점진적 근육이완법(PMR)을 연습하도록 하고 '근육이완법 기록지'에 기록하도록 한다.
- ✎ '약물 테이퍼 증상 체크리스트'를 사용하여 이번 주의 증상을 평가하도록 한다.

제5장

3회기

개요

- 약물 테이퍼 증상 체크리스트 검토
- 과제 검토
- '두려움에 대한 두려움 패턴'과 '감각과 함께 이완하기 패턴' 비교
- 자극감응 노출 수행
- 약물 테이퍼 시작 논의
- 이완법 훈련 수행 및 이완 신호(RC) 절차 안내
- 과제 배부

회기 목표 훑어보기

이 회기의 첫 번째 목표는 자극감응 노출을 통해 약물 테이퍼를 준비하는 것이다. 첫 주에는 천천히 감량을 하기 때문에 대부분 환자에서는 테이퍼 관련 증상이 거의 없겠지만, 혹시 어떤 새로운 증상이 있더라도 '두려움에 대한 두려움 사이클'로 빠져들지 않게 되는 것이 이번 회기의 목표이다. 이 목표를 달성하기 위해서는 좀 더 다양한 감각을 이용한 자극감응 노출 연습이 가장 중요하다. 현재는 이러한 증상이 있으면 공황반응이 일어나지만, 앞으로는 자극감응 노출 훈련을 토대로 한 반응(감각을 알아차리되 통제하려는 어떤 행동도

하지 않기, 즉 '감각과 함께 이완하기')을 배우게 된다. 자극감응 노출 연습뿐만 아니라 횡격막 호흡, 이완 훈련 등 모든 과제를 검토하여 차근차근 기술을 익힐 수 있도록 해야 한다. 인지행동치료에서는 단계별 기술 획득이 매우 중요하다.

3회기를 성공적으로 수행하기 위해 다음 학습 요소가 중요하다.

- 환자들이 불안과 공황을 일으키는 생각 과정을 보다 깊이 이해해야 한다.
- 환자들이 세 가지 자극감응 노출 절차에서 불안을 덜 느끼면서 대응하는 능력을 발휘해야 한다.
- 환자들이 자극감응 노출 연습을 중요하게 생각하도록 해야 한다. 이를 통해 공황장애 자체와 벤조디아제핀 금단감각에 대한 혐오감 두 가지 모두를 줄일 수 있다.
- 환자들이 횡격막 호흡 기술을 편안하게 적용할 수 있어야 한다.
- 환자들이 근육이완을 위한 긴장-이완 방법을 적용하는 초보적인 기술을 익혀야 한다.

약물 테이퍼 증상 체크리스트 검토

이번 주의 약물 테이퍼 증상 체크리스트를 검토하고 그 전 주의 체크리스트와 비교한다. 이제 2주간의 훌륭한 데이터가 있기 때문에 약물 테이퍼를 시작하기 위한 기준점을 만들 수 있다. 증상의 다양성의 범위를 파악한다. 이는 관련된 자극감응 노출을 계획하고, 어떤 증상이 약물 테이퍼의 특징이 아닌 환자의 불안증상의 일부인지를 식별하는 데 도움이 된다.

과제 검토

2회기에서 여러 개별 기술들을 배웠다. 자극감응 노출이 시작되며 횡격막 호흡 기술이 시연되고, 이완기술이 소개되고, 역기능적 사고 패턴에 대한 교육이 이어졌다. 치료의 이런 개별 요소들은 3회기에서 보다 많은 주의가 기울여진다. 다만 이런 요소 중 자극감응 노출이 가장 중요하며, 이 기술에 대한 과제부터 검토하기를 추천한다.

자극감응 노출

환자에게 머리 돌리기 절차 연습이 어땠는지 질문하고 증상발생 기록지에서 점수를 확인한다. 집이라는 장소에서 연습을 하는 것이 편안했는지 이야기해 본다. 만약 환자가 이러한 감각을 견디는 능력이 향상되었다고 한다면, 단 한 주 만의 연습에서도 이러한 변화가 생겼다는 사실을 중요하게 지적한다. 이런 감각이 어떻게 환자에게 공황발작을 연상시키는지 평가하고, 이 절차를 수행 하면서 힘든 점은 없었는지 질문한다. 공포스러운 인지와 관련된 모든 어려움 은 이전 회기에서 논의했던 '두려움에 대한 두려움 사이클'과 관련지어 보아 야 한다. 또한 감각에 대한 편안함과 불편감은 이전에 다뤘던 유발시험 및 절 차의 맥락에서 논의되어야 한다.

횡격막 호흡

횡격막 호흡 기록지를 검토하고 연습이 어땠는지 논의한다. 흉식 호흡과 횡 격막 호흡을 번갈아 해보도록 하면서 횡격막 호흡 연습을 시행한다. 이전 회 기에서 한 손은 가슴에 올리고 한 손은 배에 두고 숨을 쉴 때마다 손이 어떻게 움직이는지를 관찰해봄으로써 연습을 더 쉽게 할 수 있음을 보여주었다. 앉아 서 그리고 서서 이 연습을 수행할 수 있도록 한다.

그리고 3~4분간 천천히 그리고 편안하게 횡격막 호흡을 연습해본다. 다시 한 번 손을 이용하여 호흡 속도의 신호를 준다(대략 들숨 5초, 날숨 5초). 단순 히 가슴이 움직이는 것이 아니라 공기가 폐 깊이 들어가는 감각을 알아차릴 수 있도록 한다. 가슴이 확장되는 것보다 공기의 움직임을 알아차리도록 하기 위하여 입술을 약간 촉촉하게 하고 입술을 가깝게 하여 입술 사이로 지나가는 공기의 양을 느껴보고 입술과 입이 시원해지는 것을 알아차려 보도록 한다. 이 과정을 수행하면서 얼마나 편안했는지 확인하고 바른 피드백을 해주는 것 도 필요하다.

점진적 근육이완법

점진적 근육이완법 기록지를 검토하고 연습이 어땠는지 논의한다. 이완 훈련을 시도해보면서 어떤 어려움이 있었는지 이야기해보고 피드백을 주어야 한다. 이 과정을 지나치게 서둘러서 한다든지 훈련을 할 만한 충분한 시간이 없다든지 하는 흔한 실수들을 다뤄본다. 정기적으로 연습하는 것이 중요하다고 강조한다('이완'은 다른 기술과 마찬가지로 연습하고 익혀야 하는 기술이다).

두려움에 대한 두려움 사이클 vs. 감각과 함께 이완하기 패턴

과제를 검토한 후 단계적인 자극감응 노출의 역할을 강조하여 핵심적인 '두려움에 대한 두려움 사이클'에 다시 집중해본다. 화이트보드에 '두려움에 대한 두려움' 모델을 그리면서(그림 3.4 참조) 이 모델을 검토하기 시작해본다. 증상을 너무 공포 쪽으로만 해석하는 것을 지적하고, 이전에 다루었던 '이런!' 요소 및 이전 발작에서의 기억 때문에 이렇게 해석하게 된다는 것을 환자에게 상기시킨다. 또한 '서둘러/긴장해/조절해' 반응을 다룬다. 이 반응은 종종 환자를 더욱 불안해지게 만든다. 증상과 관련하여 환자들이 만들어낼 몇 가지 변화를 위한 모델을 제공하기 위하여 통증에 대한 다음 예시를 제공한다.

저는 당신에게 통증의 영역에서 명백하게 드러나는 '감각'과 '감각에 대한 반응' 간의 차이를 나타내주는 예시 두세 개를 들어보려고 합니다. 첫 번째는 이것입니다. 거미 한 마리를 봤다고 상상해보세요. 뭔가 날카롭게 찌르는 혹은 꼬집는 감각을 느낍니다. 등의 한 부분에서요. 당신이 저와 같다면 당신은 이 통증을 매우 끔찍한 것으로 느낄 것이며, 마치 이 세상에서 가장 심한 통증인 것처럼 순간적으로 아픈 부위를 움켜쥘 것입니다. 옷의 등 부분을 살펴보고 그것이 블라우스나 셔츠에서 삐져나온 핀이었다는 걸 발견합니다. 통증은 갑자기 좀 더 견딜 만한 것으로 바뀝니다. 그 놀람과 통증의 대부분은 감각 그 자체보다는 거미가 물었다는 공포와 관련이 있다는 것을 깨달을 수 있을 것입니다.

비슷한 예시 하나를 두통에서 찾아봅시다. 머리를 다친 적이 있나요? 그래서 이 통증은 참을 수가 없고 이 통증을 견딜 수 없는 것이라고 생각했지만 갑자기 멈추어 그 통증이 어떤 느낌인지를 있는 그대로 알아차려본 적이 있나요? 이는 머리 앞을 찌르는 느낌이었을 수도 있고 머리 옆쪽을 조이는 느낌이었을 수도 있습니다. 감각을 알아차리면 그 통증은 좀 더 견딜 만한 것이 됩니다.

비슷하게 뇌종양이라고 생각한다면 두통은 명백하게 참을 수 없는 것이 됩니다. 이는 미래의 고통이나 죽음에 대한 공포를 불러일으키기 때문입니다. 이것이 긴장성 두통이며 좀 쉬고 진정하면 점차 줄어들 것임을 안다면 통증은 매우 다를 것입니다. 다시 한 번 당신이 이 통증을 어떻게 해석하는지에 따라서 이는 완전히 견딜 수 없는 것이 되기도 하고 어느 정도 참을 만한 것이 되기도 합니다.

이 모델이 불안의 신체감각에도 적용될 수 있음을 교육한다. 공황 유발 반응을 안전 유발 반응으로 대체하도록 강조한다(그림 5.1 참조).

다시 한 번 이해를 돕기 위해 화이트보드에 이 자료를 적는다. 동시에 다음 회기의 목적을 논의한다. 이는 (a) 감각이 정확히 어떻게 느껴지는지를 알아차리고 (b) 감각과 함께 이완하고 (c) 대처 생각과 대처 기억을 사용하는 법을 배울 수 있게 하기 위함이다. 목적은 감각을 없애는 것이 아님을 강조한다. 감각이 정확히 어떻게 느껴지는지를 알고 좀 더 편안하게 그 감각을 견디는 것을 배우도록 하는 것이 목적이다. 머리 돌리기 절차로 이 과정을 시작했다. 환자

불안의 신체감각

공황 유발 반응	안전 유발 반응
■ 이런!!! ■ 만약 내가 죽는다면? 만약 내가 자제력을 잃는다면? ■ 재앙적 기억 ■ 서둘러/긴장해/조절해	■ 감각과 함께 '이완'하기 ■ 감각이 실제 어떻게 느껴지는지를 명확하게 알아차리기 ■ 대처 생각과 대처 기억 사용하기 ■ 당신은 감각과 아무 관련이 없다는 것을 기억하기

그림 5.1 | 신체의 경보반응에 대한 대처방식 재교육

는 이미 불안해하는 방식이 아니라 대응하는 방식으로 바뀌어 가고 있다(보드에서 안전 유발 감각을 짚어준다)(그림 5.1 참조).

자극감응 노출

본 회기에서 사용되는 모든 자극감응 노출은 특정한 신체감각을 견디는 연습에 초점을 맞춘다. 세 가지 노출 훈련이 사용된다 : 머리 돌리기, 과호흡, 계단 오르기 혹은 제자리 뛰기. 모든 경우에 운동하는 동안 경험할 수 있는 감각을 묘사하고, 이런 감각을 일으키는 과정을 검토하고, 공포스러운 생각을 스스로 관찰할 수 있는 지시문을 통해 이러한 증상을 겪어내고 견디기 위한 전략을 예행연습 해보게 된다.

자극감응 노출의 모든 절차에서 치료자의 역할은 부분적으로는 신체감각 또는 신체감각에 대한 과각성을 멈추려고 하는 환자의 시도를 발견하는 것이다. 몸을 제어하려고 하거나 신체감각과 싸워서 없애려는 노력을 하지 않도록 격려한다. 더욱이 신체감각에 대한 재앙적인 해석은 이런 생각의 불안 유발 효과를 설명하고 인지적 대처전략을 소개하는 데에 있어 매우 유용하다. 아래는 심계항진에 대한 공포를 다루는 방법에 대한 예시이다.

얼굴을 보니 매우 겁에 질리신 것 같은데요. 신체감각에 대해 어떻게 생각하시나요?

환자는 심장이 계속해서 빠르게 뛰며 자제력을 잃을까 봐 걱정하고 있다고 답할 것이다.

저는 당신의 심장이 빠르게 뛴다는 것이 놀랍지 않습니다. 당신은 지금 막 노출 훈련을 마쳤으며, 심장이 빠르게 뛰는 것은 지극히 정상입니다. 또한 제어하려 하면 할수록 심장은 계속해서 빠르게 뛴다는 것도 정상일 수 있습니다. 일반적으로 심장을 제어하려 하면 할수록 심계항진은 더욱더 오래 지속됩니다. 오히려 당신이 자제력을 잃을 것 같다고 생각하는 이 상황에서 심계항진이 무엇인지 정확하게 이해해보기를 권하고 싶습니다. 또한 '자제력을 잃는다'는 것이 정확히 무엇을 의미하는지를 정의해볼 필요가 있습니다. 졸도하거나, 방에서 뛰쳐나가거나, 혹은 말을 할 수 없게 된다고 상상하고 있나요?

심계항진에 대한 핵심 두려움을 발견했다면 이러한 생각에 대한 대응전략을 적용하도록 해본다.

부록 B에 자극감응 노출 훈련 중의 불안 유발 반응을 다루는 몇 가지 추가 방법이 소개되어 있다. 만약 환자가 훈련 이후 계속해서 고도의 불안감을 보고한다면, 인지에 특별한 주의를 가지고 훈련을 반복하고, 각 인지를 검토해볼 충분한 시간을 갖기를 고려해본다. 회기 초기에는 다음 두 가지 사항 간에 균형을 맞추도록 노력한다. 첫째, 반복 훈련을 통해 유도된 신체감각에 덜 겁먹게 되는 기회를 갖도록 해야 한다. 둘째, 회기를 훈련해 가면서 경험하는 신체감각의 범위를 합리적인 속도로 늘려 나가고 회기를 연습해 가면서 보다 천천히 신체감각을 편안하게 느끼게 되도록 해야 한다.

머리 돌리기

처음 머리 돌리기 시도 전에 목근육을 부드럽게 스트레칭하도록 한다. 첫 시도에서는 절차 중에 떠오르는 생각에 주목하고, 만들어지는 감각을 (구체적으로) 알아차리도록 지도한다. 이 과정의 목표는 어지러움, 약간의 매슥거림, 그리고 '어지러움 때문에 자제력을 잃을 것 같다는 생각'을 경험하고자 하는 것임을 상기시킨다. 이 운동이 내이(內耳)의 체액 흐름을 방해하기 때문에 이러한 감각은 머리 돌리기의 정상적인 결과임을 기억하도록 한다. 30초간의 머리 돌리기 운동을 수행하도록 한다. 머리를 앞으로 기울이고 머리로 작은 원을 그리도록 한다(머리를 너무 크게 돌리면 목근육을 다칠 수 있기 때문이다). 또는 눈을 뜬 채로 머리를 좌우로 흔들 수도 있다. 모든 과정 중에 호흡을 정상적으로 유지하도록 격려한다. 30초의 절차를 마치고 눈을 뜰 때 갑자기 어지러움을 느낄 수 있음을 상기시킨다. 느꼈던 신체감각을 이야기해보고, 이러한 신체감각이 불안을 가중시켰는지 물어본다. 발생했던 불안이나 두려움의 감소에 주의를 기울인다. 이 과정에서 일어난 생각을 살펴보고, '두려움에 대한 두려움 사이클'과 관계가 있는지 논의해본다(그림 3.4 참조).

만약 괜찮다면 두 번째 머리 돌리기 중 유도된 신체감각에 보다 익숙해지기 위하여 어린 시절의 기억을 활용하도록 한다. 어릴 때 어지러움을 유발하려고 했던 기억에 집중하도록 한다. 절차를 시작하기 전에 기억을 떠올려보도록 한다. 머리 돌리기를 마치고 10초 안에 일어서서 방 안을 돌아다니면서 신체감각을 경험할 수 있도록 한다. 이를 통해 서 있을 때도 이러한 감각을 느낄 수 있도록 경험을 확장할 뿐 아니라 신체감각에 대한 '서둘러/긴장해/조절해' 반응을 막을 수 있도록 한다. 이 과정을 거치면서 불안의 표현(예: 얼굴 또는 머리의 긴장)이 나타나지 않는지 살펴보고, 필요하다면 그 반응을 겪어내도록 도와준다. 긴장하거나 불안한 환자에게 어깨를 떨어뜨리거나 안면근육을 이완시키고 신체감각이 그저 일어나도록 두게 한다.

세 번째로 연습을 할 때는 신체감각이 실제 어떻게 느껴지는지를 정확하게 알아차릴 수 있도록 더욱 격려한다. 유도된 신체감각과 그것을 보다 더 혹은 덜 견딜 만하도록 하는 '감각에 대한 해석'에 대하여 검토한다.

과호흡

과호흡 훈련은 비슷한 방법으로 수행된다. 이산화탄소를 과도하게 들이미시도록 하기 위해 빠르고 깊은 호흡을 하도록 한다. 과호흡은 다음과 같은 몇 가지 흔한 증상을 일으킬 것이다.

- 어지러운 느낌
- 두피, 팔, 손의 따끔거림
- 어지러움
- 마비감(특히 입 주변에서 마스크를 낀 것 같은 마비감)
- 눈부심
- 눈앞이 흐려짐
- 상열감이나 식은땀(발한)

이러한 신체감각은 과호흡에서 정상적인 것임을 강조한다.

다시 이는 과호흡의 정상적인 결과이므로 이러한 감각을 견뎌보도록 한다. 1초에 한 번 호흡을 하며 30초간 과호흡을 하도록 한다. 이 과정을 시연해본다. 30초 이후 호흡을 늦추도록 한다. 환자가 경험했던 감각을 즉시 확인해본다.

이 과정을 두 번 더 반복해보면서 60초까지 과호흡을 시도해본다. 시험해보면서 (a) 감각이 어떤지 확인하고 (b) 감각이 정상임을 강조하고 (c) 환자가 사용한 증상에 대한 해석을 기록하고, 이를 칠판에 나열된 예와 관련시키도록 한다(그림 5.1 참조). 한 번 시도한 후 감각을 경험하면서 버텨보도록 어깨를 떨어뜨리는 이완기술을 적용하도록 한다. 어지러움을 느끼더라도 적절하게 움직일 수 있는 능력이 있다는 것을 지적한다.

계단 오르기 혹은 제자리 뛰기

세 번째 자극감응 노출 훈련은 계단 오르기 또는 제자리 뛰기이다. 환자의 민감도에 따라 이 훈련은 1번에서 3번 수행한다. 계단 오르기는 일반적으로 3층을 계단으로 뛰어올라가는 것이다. 또는 90초간 제자리 뛰기를 해도 된다. 제자리 뛰기를 할 때는 매번 무릎을 허리 높이까지 들어올려야 한다.

계단 오르기를 할 때 환자는 심장이 쿵쾅댐, 숨을 못 쉴 것 같은 느낌, 다리가 무거운 느낌을 느낄 수 있다는 것을 지적한다. 몸을 한 번에 다 움직였다가 심장이 적응하기 전에 활동을 멈추면 이런 느낌이 든다. 만약 운동을 더 오래 지속하면 심박수가 활동에 적합한 수준으로 적응되어 알아차리지 못하게 된다. 그러나 지금 수행한 훈련과정에서는 심박수가 매우 빠른 속도에 도달하자마자 움직임을 멈춘다. 이렇게 갑자기 움직임을 멈추면 실제 활동은 하지 않으면서 심장이 뛰는 것만 느끼게 된다. 훈련을 수행하면서 훈련마다 경험하는 감각과 그것을 견디기 위해 어떤 수단을 사용했는지 즉시 논의한다.

자극감응 노출 훈련에 대한 논의

모든 자극감응 노출 훈련이 완료된 후 각 훈련에서의 환자 경험에 대해 논의한다. 일단 어떤 일이 일어나는지를 알고 훈련을 수행하다 보면 유도된 감각에 대해 더 편안해진다는 것을 강조한다. 이 편안함이 바로 초기 훈련의 목표임을 설명한다. 환자가 감각과 함께 편안함을 느끼게 되면 신체감각 그 자체가 '두려움에 대한 두려움 사이클'을 일으키지 못하게 된다. 이 목표를 달성하려면 환자는 꼭 매일, 매주 훈련을 수행해야 한다. 증상 유도 기록지를 사용하여 매일 과제를 내준다.

약물 테이퍼의 시작

제2장의 안내서에 설명된 대로 환자는 이번 주에 약물 테이퍼를 시작할 것이다. 이 논의의 목적은 테이퍼와 관련된 신체감각을 자극감응 노출 훈련에서의 감각과 동일하게 볼 수 있도록 하는 것이다. 다음 사항들을 논의한다.

자극감응 노출의 맥락

많은 환자들이 테이퍼 초기에는 아무 감각을 느끼지 않지만 어떤 환자들은 몇몇 감각을 느낄 수 있다. 자극감응 노출의 맥락에서 약물 테이퍼를 소개하는 것이 유용하다.

> 지난 2주간 여러 신체 운동을 통해 신체감각을 유발해보았습니다. 이번 주에는 벤조디아제핀 약물을 감량하면서 몇몇 신체감각이 유발될 수 있습니다. 지난 회기에서 우리는 감각에 아무것도 하지 않는 방식으로 감각에 반응했지요. 감량 첫 주에는 아무 감각이 없을 수도 있습니다. 그러나 어떤 감각을 알아차린다면 무대응으로 반응해보는 것이 우리의 목표입니다. 지난 회기에서 감각에 그렇게 반응했던 것처럼요.

증상과 함께 이완하거나 참기

감각이 발생하면 그것을 제거하려 하거나 유해한 것으로 보지 말고 감각과 함께 이완하도록 한다. 간단히 말해서 운동 대신 약물 테이퍼를 통해 감각을 유발하고 있는 것이다. 1회기에서 약물은 몇 가지 방식으로 불안감을 억제하는 것임을 배웠다. 그렇다면 그 억제하던 것을 약간 풀었기 때문에 몸에서는 반응이 나타날 수 있다는 것을 상기해야 한다. 마치 말을 잡고 있던 고삐를 좀 풀었을 때와 같다. 약물 테이퍼 첫 주의 목표는 약한 증상이 나타날 때 이를 견뎌보도록 하는 것이다.

자극감응 노출의 지속

약물 테이퍼와 관련된 증상이 있든 없든 감각과 함께 편안함을 잘 느끼기 위해 매일 노출 훈련을 지속해야 한다. 그 이유는 다음과 같다. 흔히 환자들은 불안해지면 노출 훈련을 피하려는 경향이 있다. 일견 당연하지만 이는 여러 가지 면에서 문제를 오히려 키운다. 대부분의 경우 환자는 신체감각이 나타날까 봐 걱정하느라고 불안해한다. 결과적으로 그들은 신체감각이 발생되지 않도록 온종일 노력하게 되는데 당연하게도 이러면서 더욱 불안해져서 신체감각은 더 많아지게 된다. 걱정하고 있는 그 감각을 그냥 유도해서 발생시킬 때 오히려 걱정을 멈추고 더 즐거운 하루를 보낼 수 있다. 어떤 면에서 이 환자들은 그 감각은 견딜 만하며, 두려워할 필요가 없으며, 실제로 그들에 대해 아무 것도 할 필요가 없다는 것을 알아차리게 되므로 오히려 최악의 상황을 극복하게 되는 것이다. 다음과 같은 대화를 사용하여 환자가 자극감응 노출을 계속하도록 권장한다.

> 만약 운이 아주 안 좋은 하루를 시작하고 있더라도 바르게 앉아서 이 회기에서 계속해 왔던 것과 똑같이 훈련을 완료하십시오. 어떤 감각을 느끼더라도 놀랄 필요 없습니다. 어떤 신체감각이 느껴질지를 온전히 알아차리면서 훈련을 완료하세요. 그리고 그것이 일어나면 신체감각과 함께 이완하도록 해봅니다. 훈련을 완료한 후에는 감각이 사라지는 것을 기다리지 마세요. 다만 그것을 잘 견디어봅니다. 얼마나 오래 지속되는지는 중요하지 않습니다. 위험한 것이 아니므로 이런 감각을 제거해야 할 필요가 없습니다.

이완 훈련

완전한 이완법 절차 검토

이전 회기에서 배웠던 훈련(PMR 또는 다른 이완법)의 두 번째 방식을 배울 것임을 알린다. 이 이완이 효과를 내는 것은 그냥 이완하도록 내버려둘 때 기분이 얼마나 좋은지를 기억하는 것에 일부 기인한다. 몸이 이완될 때 약간의 감각을 경험할 수 있으며, 이는 효과적인 이완의 징후임을 환자에게 상기시킨다. 이전 장에서 설명했던 이완 훈련을 완료한다. 대략 15분이 소요된다. 이완 훈련 후 훈련 시 편안했는지 검토한다. 문제점을 검토하고 필요하면 수정 피드백을 해준다. 성공적으로 이완했다고 보고한 경우 같은 회기에서 자극감응 노출 훈련을 통해 유도된 감각도 발생했었음을 지적한다.

이완 신호 절차 소개

이완 신호(RC) 절차를 훈련하도록 한다. RC 절차는 10~15초가 소요되는데, 짧은 긴장 유도 후 이완을 하게 된다. 심호흡을 하고 어깨를 으쓱하며 얼굴을 주름지게 하고 나서, 이어서 긴장을 풀면서, 환자에게 이 절차를 보여준다. 긴장 유도에 어떻게 초점을 맞추는지와 긴장을 풀 때의 감각의 차이점을 설명한다. 이 절차를 하도록 환자를 이끌어준다. 두 단계에서 경험했던 감각에 집중해보도록 격려한다. 두 신체감각의 차이와 긴장을 빠르게 풀면서 생겨난 감각에 특히 주의를 기울여본다. RC 절차에서는 다음과 같은 긴장 유도 기술이 사용된다.

- **손 긴장** : 5~7초 동안 주먹을 쥐어서 손근육을 긴장시킨다.
- **위팔 긴장** : 어깨 근처에 손을 올려 팔을 구부린다(팔의 앞쪽이나 팔뚝 앞쪽에 긴장감이 느껴져야 한다).
- **어깨 긴장** : 어깨를 귀 가까이 올려 어깨를 약간 으쓱한다.
- **얼굴 상부의 긴장** : 눈을 감고 눈썹을 올린다(반대로 눈썹을 낮출 수도 있다).
- **얼굴 하부의 긴장** : 찡그리면서 입술과 치아를 가볍게 누른다.
- **가슴 긴장** : 가슴으로 크게 들이마시고 숨을 참는다.

두 가지 방향에서 성공적인 이완을 향해 노력해 갈 것임을 설명해준다. 첫째, 20분 이완 절차를 사용하여 이완에 보다 능숙해질 것이다. 둘째, 빠른 RC 절차를 사용하여 하루 종일 이완 상태로 있을 수 있다. 두 훈련 모두 매일 연습해야 한다는 것을 강조한다. 하루에 여러 번 RC 절차를 수행하도록 한다. 일상적인 연습을 규칙적으로 일어나는 일상적인 일과 연결시키면 훈련이 좀 더 쉬워진다. 예를 들어 전화를 끊을 때 사무실이나 집, 차에서 나갈 때 등.

과제

 ✎ 횡격막 호흡을 매일 연습하도록 한다. 회의 중이나 음식 준비를 할 때, 운전할 때처럼 좀 더 어려운 상황에서도 이 절차를 연습해보도록 격려한

다. 불안이 발생하는 어떤 상황에서도 이 훈련을 적용할 수 있는 것이 궁극적인 목표라는 것을 상기시킨다. '횡격막 호흡 연습 기록지'에 경과를 기록하도록 한다.

✎ 점진적 근육이완법을 매일 연습하도록 한다. '근육이완법 기록지'에 기록하도록 한다.

✎ RC 절차를 자주 연습하도록 한다. 하루에 적어도 4번 이상 연습해야 한다. 하루에 하나 이상의 훈련(예 : 머리 돌리기, 과호흡, 계단 오르기 또는 제자리 뛰기)을 3회 연속으로 실시해야 한다. 많이 연습할수록 좋다는 것을 상기시킨다. '증상 발생 기록지'에 기록하도록 한다.

✎ '약물 테이퍼 증상 체크리스트'를 사용하여 이번 주의 증상을 평가하도록 한다.

제6장

4회기

개요

- 과제 및 약물 테이퍼 관련 증상 검토
- 재앙화 사고, 가능성 과대평가, 대처전략에 대한 소개
- 자극감응 노출 수행
- 점진적 근육이완법 수행
- 과제 배부

회기 목표 훑어보기

이 회기에서도 불안의 신체감각의 의미를 전환하는 것에 초점을 맞춘다. 주요 전략은 역시 자극감응 노출이지만, 이번 회기에서는 인지재구성 및 불안장애에서의 흔한 사고 오류를 교육하는 데 더 많은 시간을 들이게 된다. 여기서 흔한 사고 오류란 부정적 결과의 가능성 및 재앙화 정도에 대한 과대평가다. 이번 주 환자의 초점에 따라 벤조디아제핀 금단증상에 초점을 맞출 수도, 공황 패턴에 초점을 맞출 수도 있다. 이러한 증상에 대해 걱정하는 대신 '감각과 함께 이완하기', 즉 감각을 알아차리되 조절하려 하지 않고 두는 대안적 방법을 익히기 위해 자극감응 노출 훈련은 항상 중요하다.

4회기를 성공적으로 수행하기 위해 다음 요소들을 익히는 것이 중요하다.

- 공황장애에서의 사고 편견, 즉 가능성 과대평가 및 재앙화를 배운다.
- 이러한 생각에 대해 다른 방식으로 도전하고 반응하는 방법을 배운다.
- 자극감응 노출 장면에서 이러한 기술을 적용해본다.
- 공황장애와 벤조디아제핀 금단감각의 혐오감 모두를 줄이기 위한 전략으로서의 자극감응 노출 훈련에 계속해서 초점을 맞춘다.
- 횡격막 호흡 기술을 편안하게 적용할 수 있다.
- 몸의 긴장을 줄이기 위한 긴장-이완 방법에 익숙해진다.

과제 검토

자극감응 노출 훈련 검토

증상 유도 기록지를 검토하고 환자의 노력을 격려한다. 훈련을 바르게 수행했는지를 알아보기 위하여 노출 과정을 검토한다. 훈련 중 경험했던 신체감각을 묘사하도록 한다. 신체감각을 견디는 능력이 증가했다는 것을 환자 스스로 알아차리는지를 평가한다. 노출 훈련 중 바뀐 생각이 있는지 질문한다. 힘든 점이 있었다면 훈련 중 발생할 수 있는 불안을 조장하는 생각(재앙화 해석, 가능성 과대평가 등)에 대해 명확히 정의한다. '두려움에 대한 두려움 사이클'에서 이러한 생각이 어떤 영향을 미치는지 짚어준다. 이번 회기에서는 이러한 생각들에 대처하는 데 좀 더 주의를 기울일 것임을 알려준다.

약물 테이퍼 관련 증상 검토

약물 테이퍼 증상 체크리스트를 검토한다. 약물 테이퍼를 시작하고 며칠 내에 이 회기를 진행한다. 일반적으로 테이퍼 관련 증상은 예상했던 것보다 적다. 실제로 경험했던 증상과 예상했던 증상 간에 차이가 있었는지 질문한다. 자연스럽게 약물 테이퍼가 예상보다 나쁘지 않았음을 알아차리게 된다. 이는 비교적 흔한 결과이다. 이런 예측반응에서 인지의 역할을 지적한다. 구체적으로 환자들은 종종 감량을 시도할 때마다 공황발작이 재발하거나 전반적인 불안이 증가할 것이라는 공포스러운 생각에 빠지며, 이런 생각을 할수록 테이퍼 관련 증상을 지나치게 경계하게 된다.

증상에 대한 이런 과도한 경계가 '두려움에 대한 두려움 사이클'의 일부라는 것을 알려준다. 화이트보드에 이 사이클을 적어본다. 다음 항목들을 순서대로 적고 왼쪽에서부터 하나씩 화살표를 그린다 : 증상을 예측하고 주의를 기울임 → 증상이 자주 발견됨 → 재앙적 해석 → 증상 증가 → 공황발작.

이 과정 중에 다음 생각들이 흔하게 나타난다는 것을 설명한다 : "저에게 무슨 문제가 있는 건가요?", "증상이 더 악화되는 것 아닌가요?", "심장이 더 빨리 뛰면 어떡하죠?", "대처할 수가 없을 것 같아요."

감량 경험 중 환자가 했던 구체적인 생각을 질문한다. 앞으로는 환자 스스로 이 과정(구체적인 생각과 그 영향)을 알아차릴 수 있어야 한다. 앞으로의 몇 회기에서 (a) 증상에 대한 경계를 낮추고 (b) 신체감각에 대한 오해석에 대처하는 방법을 익힘으로써 이 패턴을 바꿀 수 있게 될 것이다.

횡격막 호흡 및 점진적 근육이완법 검토

환자에게 횡격막 호흡과 이완 과제에 대해 설명해보도록 한다. 기술을 성실하게 훈련했고 나아졌다는 것을 격려한다. 이렇게 피드백을 하면 효과적인 훈련을 하도록 사회적 강화가 된다. 만약 훈련을 하지 않았다면 그 이유를 탐색하고 연습을 끝마칠 수 있도록 격려한다. 이 운동이 자동적으로 일어나려면 훈련이 필요하다는 사실을 검토한다. 혹시 신체감각이 또 일어날까 봐 운동을 하지 않은 것은 아닌지 반드시 질문해야 한다. 환자가 겪었던 어려움을 검토하고 적절하다면 해결책을 제시한다.

재앙화 사고, 가능성 과대평가 및 대응전략의 소개

인지오류와 확인

이 회기에서는 불안 유발 생각(anxiogenic thoughts)을 바꾸는 데 더욱 주의를 기울인다. 재앙화 사고에 도전해본다. 왜곡의 두 가지 주요 유형을 특히 경계한다 : (1) 부정적 결과의 가능성에 대한 왜곡, (2) 이 결과의 재앙화 정도에 대한 왜곡.

가능성 과대평가

'가능성 과대평가'는 일어나지 않을 사건이 일어날 것 같다고 예측하는 인지 오류이다(특히 부정적인 사건이 일어날 가능성을 과대평가한다). 예를 들면 다음과 같다.

- "공황이 생기면 심장발작이 일어날 거야."
- "공황이 생겨 비현실감을 경험하면 회복이 불가능할 거야."
- "공황이 생기면 미칠 거야."
- "일을 다 마치지 못하면 절대 끝마치지 못하고 해고될 거야."

재앙화 사고

재앙화 사고는 사건(즉, 공황의 결과)이 실제로는 그렇지 않은데도 재앙적이거나, 견딜 수 없거나, 위험한 것으로 인지하는 오해석이다. 또한 공황발작의 결과에 대처하는 능력을 매우 과소평가할 때도 재앙화 사고를 하게 된다. 예를 들면 다음과 같다.

- "내가 졸도하면 다시는 의식을 회복하지 못할 거야."
- "다른 사람들이 내가 공황발작이 있었던 것을 알아차린다면 끔찍할 거야. 다시는 그들과 마주할 수 없을 거야."
- "친구들이 찾아왔을 때 모든 것이 완벽하지 않다면 나는 실패할 거야."

인지재구성 준비

예측하는 부정적 사건의 유형에 따라 인지재구성(ognitive nestructuning)은 가능성 과대평가, 재앙적 사고, 또는 둘 다를 타깃으로 할 수 있다. 예를 들어 죽음에 대한 공포는 가능성 과대평가의 측면에서, 당황스러움에 대한 공포는 재앙화 사고 측면에서, 졸도에 대한 공포는 가능성 과대평가 및 대처능력 과소평가 측면에서 도전해볼 수 있다. 부정적 생각을 바로 평가하기 전에 환자가 하는 걱정의 본질을 보다 명확히 하는 것이 좋다. 즉, 부정적 생각은 종종 도전하기 어려운 절대적인 부정적 개념일 때가 있다 : 증상은 '견딜 수 없거나', '끔찍하거나', '참을 수 없는' 것이다. 이런 단어는 불안을 조장한다. 이런 단어는 감정적으로 영향을 주며, 구체적이지 않고, 잘못 정의되어 있는데도 다룰 수 없는 사건인 것 같은 느낌을 준다. 따라서 이런 단어는 사용하지 말아야 한다. 이러한 단어의 감정적 힘에 대해 이야기한다. 그러나 이것이 두려워하는 결과의 실제를 설명하는 것은 아니다. '끔찍하다' 또는 '견딜 수 없다'는 것이 어떤 의미인지를 질문한다.

- 그 일이 있으면 무엇이 그렇게 나쁠까요?
- 어떤 일이 일어나리라고 생각했나요?
- … 그러고 나면 그 일로 인해 어떤 일이 일어날까요?
- … 그러고 나면 어떤 일이 일어날까요?

이 소크라테스식 질문은 환자들로 하여금 그들의 두려움을 명확하게 하는 데 도움을 주며 두려워했던 결과의 가능성 또는 재앙화 정도에 대한 기본적 가정에 도전해볼 수 있는 기회를 준다. 이 회기에서 이 토론은 다음과 같이 전개될 수 있다(다음 장면에서 P는 환자를, T는 치료자를 나타낸다).

T : 그 상황에서 공황이 느껴졌다면 어떻게 될까요?

P : 끔찍할 겁니다.

T : '끔찍하다'는 단어를 사용하시다니 반갑군요. '끔찍하다'는 단어는 불안장애의 치료 장면에서 자주 듣는 고전적인 용어이거든요. 이는 도전하기 어려운 무서운 단어입니다. '끔찍하다'는 말은 정말 끔찍해요. 논쟁의 여지가 없지요. 그러나 '끔찍하다'는 단어가 당신의 걱정을 제대로 설명해주지는 않습니다. 저는 정말 당신이 걱정하는 것을 명확하게 하고 싶은데요, '끔찍하다'는 것에 대해 몇 가지 질문을 해도 될까요? 무엇이 그렇게 끔찍하게 일어나고 있다고 상상되는 일인가요?

P : 자제력을 잃을 겁니다.

T : 자제력을 잃으면 어떻게 될 것 같나요?

P : 기절할지도 몰라요.

T : 아하! 그러니까 첫 번째 반응은 기절을 할 것 같다는 예측이네요. 기절하게 된다면? 그럼 어떤 일이 생길까요?

P : 끔찍할 거예요.

T : 기절하게 되어 너무 끔찍하다는 것이 어떤 건가요?

P : 사람들이 나를 바보같이 생각할 거예요.

T : 다른 사람들이 당신을 바보같이 생각하면 어떻게 되나요? 그 사람들의 시선이 정말로 그렇게 중요한 건가요?

P : 음, 그건 아니지만 매우 창피하겠지요.

T : 전에 창피했던 적이 있습니까?

P : 네.

T : 그런 창피한 감정에 대처할 수 있었나요? 그 사람들을 다시 마주할 수 있었나요?

P : 음, 그랬죠.

T : 그런데 공황으로 인해 창피해질 때는 왜 거기에 대처할 수가 없게 되는 건가요?

P : 너무 불편할 것 같아서요.

T : 글쎄요, 그럴 수도 있지만, 거기에 정말 대처할 수가 없을까요? 창피하긴 하지만 잘 살아갈 수도 있지 않을까요?

P : 그렇긴 하죠.

T : 이 점을 꼭 기억하셨으면 합니다. 그리고 다음과 같이 생각할 때 얼마나 다르게 느끼시는지 생각해보셨으면 합니다. "졸도할 것 같아서 공황발작은 정말 걱정이 돼. 그러나 이런 가능성 낮은 시나리오가 정말 일어나서 졸도한다 하더라도, 그에 따른 창피한 감정을 처리할 수는 있을 거야." 이는 아주 다른 생각이며 "공황이 일어나면 정말 끔찍할 거야."라고 생각하는 것과는 전혀 다른 영향을 미칠 겁니다.

효과적인 대응을 하는 것이 반드시 결과나 그 사건이 유쾌하거나 쉽다는 것을 의미하지는 않는다고 말해주는 것이 좋다. 그런 사건은 불쾌하고 힘들 것이다. 그러나 그러한 불쾌감이나 힘든 것이 효과적인 대처가 불가능하다는 것을 의미하지는 않는다.

재앙화 사고에 대응하기

재앙화 사고에 대응하는 기술을 일반화할 수 있도록 공황과 벤조디아제핀 금단과 관련된 재앙화 사고에 대한 몇 가지 예시를 찾게 한다. 이러한 생각을 3×5인치 카드에 쓰도록 한다. 그리고 재앙화 사고에 대응하는 절차를 가르친다. 대처전략을 두 단계로 설명한다.

1. 실제로 일어날 최악의 결과를 상상해본다.
2. 재앙적 사건 결과의 실제 심각성을 비판적으로 평가해본다. 즉, 그 최악의 상황이 실제로 일어난다면 상상하는 만큼 끔찍할지, 그리고 그 상황이 일어난다면 그것을 다룰 수 있을지를 평가해보는 것이다. "그럼 어떻게 되지?"를 생각하는 것을 배우는 것이다.

가능성 과대평가에 대응하기

가능성 과대평가에 대응하기 위한 절차를 가르치기 위해 비슷하게 다음과 같은 절차에 따라야 한다. 다음 세 단계에 따라 대응전략을 설명한다.

1. 생각을 사실이 아니라 가설이나 추측, 즉 객관적 평가에 대한 주관적 생각으로 본다.
2. 구체적인 예측을 지지하거나 반박하는 근거를 평가한다.
3. 주어진 상황에 대해 다르게 해석할 수 있는지 탐색한다.

다음과 같이 사건의 발생 가능성을 평가하는 질문을 하도록 격려한다.

- 이전에 내가 공황에 빠졌을 때 이 일은 몇 번이나 일어났나?
- 이전에 내가 공황에 빠졌을 때 이 일은 몇 번이나 안 일어났나?
- 미래에 내가 공황에 빠진다면 이 일이 발생할 것이라는 근거가 있나?

인지에 대한 노출

또한 걱정하는 사건과 결과의 실제 가능성을 줄이는 것도 유용한 전략이 될 수 있다. 예를 들어 공황발작의 결과로 구토하는 것이 걱정된다고 하면 실제로 구토한 횟수를 물어본다. 공황발작의 결과로 구토한 적이 한 번 있고 과거에 50번의 공황발작이 있었다면, 실제 구토의 가능성은 1/50, 즉 2%이다.

재앙화 사고와 가능성 과대평가의 목록을 나열하고 그에 인지적으로 대처해본 뒤에는 추가적으로 이러한 생각에 대한 정확성을 평가함으로써 생각을 객관적으로 볼 수 있도록 한다. 다음 설명을 제시해본다.

> 잠시 시간을 내서 여러분이 나열한 생각을 검토해봅시다. 당신은 평소에 이러한 생각을 많이 가지고 있었을 것입니다. 실제로 많은 경우 이런 생각은 너무 자동적으로 일어나서 이런 공포스러운 생각에 빠져 있었다는 것을 알아차리지 못하게 되기도 합니다. 저는 이것이 얼마나 공포스러운 생각인지를 알아차리기 바라며, 동시에 생각은 생각일 뿐이라는 점도 명심하셨으면 합니다. 그건 그냥 생각일 뿐입니다. 그 생각은 여러 측면에서 오래도록 당신을 괴롭혔을 겁니다. 당신은 이 생각 때문에 두려워하고, 인생이 비참해지게 되고, 신체감각을 위험한 것으로 보기도 했습니다. 그러나 이제 자신에게 물어보셔야 합니다. 그 생각이 정말 정확한 해석인지를요. 그것이 정확하다면 그에 따라 다루어야 할 것입니다. 그러나 만약 정확하지 않다면 왜 그런 생각들이 당신을 못살게 굴고 불안하게 만들도록 놔둡니까? 저는 당신이 이 생각을 자세히 들여다보고 그 생각과 친밀해졌으면 합니다. 일단 그렇게 하면 더 이상 이 생각들 때문에 불안해지거나 공포에 떨지 않게 됩니다. 그것이 실제로 무엇인지를 있는 그대로 보다 보면 이 생각들은 덜 위협적이고, 심지어 지루하며, 그렇게 심각하게 볼 필요가 없다는 생각이 들 것입니다. 잠시 동안 각각의 생각들을 반복해서 읽어보세요. 읽으면서 '이것은 생각일 뿐이다, 나를 공포스럽게 만드는 경향이 있는 생각일 뿐이다.'라는 것을 자꾸 떠올리세요.

약 1분 정도 이 생각목록을 보도록 한 뒤 다음 훈련을 이어나간다.

처음 두세 개의 생각을 읽도록 한다. 이러한 두려움은 매우 흔하다고 설명한다(공통적인 두려움이 도출되었다고 가정). 목표는 더 이상 이런 생각이 스스로를 괴롭히지 못하게 하도록 하는 것이다. 대신 인지 대처 전략을 통해 환자는 그러한 생각이 특정 사건에 대한 부정확한 해석이었음을 알게 된다. 생각목록을 여러 번 반복해서 읽도록 해본다. 그것을 마치 한 장의 종이에 쓰인 무서운 생각을 보고 있는 것처럼 생각해보도록 해본다. 심각하게 볼 필요도,

진실을 나타내는 것으로 볼 필요도 없다. 어쩌면 미래에 이러한 생각을 또 할지도 모르지만 그걸 따라갈 필요는 없다. 1~2분 더 그 생각에 주의를 기울여 보도록 한다. 이런 생각은 두려움을 증가시키는데, 생각은 정확하지 않더라도 감정에 영향을 미칠 수 있다. 예를 들어 다음과 같은 설명을 제시할 수 있다.

> 생각은 행동의 또 다른 종류라고 볼 수 있습니다. 오른손을 앞뒤로 움직일 수 있듯이 구체적인 생각을 할 수 있습니다. 예를 들어 지금 집에 있는 냉장고에 무엇이 있나 생각해봅니다. 그 생각이 충분히 강렬하다면, 식사를 기다리는 상상을 하면서 약간의 배고픔을 유발할 수 있습니다. 다음으로 생각해볼 것은 생각은 현실에 의해 제한되지 않는다는 것입니다. 사실 냉장고는 비어 있지만 제 상상 속에서 저는 온갖 종류의 맛있는 음식들로 냉장고를 가득 채울 수 있습니다. 그러나 생각이 현실에 의해 제한되지 않는다는 점 때문에 발생하는 문제도 있습니다. 예를 들어 당신은 불안감각에 대한 반응으로 죽거나, 미치거나, 자제력을 잃을 수도 있다는 등의 몇 가지 생각이 적혀 있는 종이를 가지고 있을 겁니다. 당신이 몇 번의 (구체적인 숫자를 제시하며) 공황발작이 있었으나 미치거나 죽지 않았다는 점을 감안할 때, 이 생각이 현실과 맞지 않는다는 것을 확신할 수 있을 겁니다. 그러나 그 생각은 여전히 당신에게 영향을 미칩니다. 이러한 생각들을 검토하는 목표 중 하나는 그 생각들이 정확한지를 검토하는 것입니다. 두려움을 만들어내는 생각은 사실 현실을 정확하게 반영하지 않습니다. 사실 이러한 치료 프로그램에서 사람들의 생각은 매우 비슷합니다.

이제 가능성 과대평가에 대한 논의를 마무리한다. 앞으로 이러한 생각이 또 들 것이다. 다음 몇 분간 진행할 자극감응 노출 훈련 동안에도 이러한 생각이 들 수 있다. 만약 이러한 생각이 든다면 다음과 같이 말하도록 준비하라고 한다. "잠깐만, 이런 감각에 대해 이렇게 걱정할 필요가 없잖아?" 또는 "또 두려움 유발 생각이 드네. 이제 이런 생각에 반응하는 데 지쳤어." 이런 생각이 불안을 불러일으키기 시작한다면, 이런 생각에 대한 대처전략을 상기시킨다. 필요하다면 대처과정을 같이 해나간다.

자극감응 노출

3회기에 요약된 자극감응 노출 절차를 수행한다. 각 훈련 전에 그가 경험하게 될 감각을 상기시킨다. 머리 돌리기를 45초간 3세트, 과호흡을 1분간 2세트 수행한다(이 훈련에서 발생하는 감각이 주요 공포 대상이 아니라면 다른 훈련으로 대체한다). 각 시도는 다음 단계를 따른다.

1. 지정된 시간 동안 수행한다.
2. 시도 동안 환자가 감각을 알아차리되 그것을 다루려 하지 않도록 한다. '감각과 함께 이완하는' 것을 발견할 수 있도록 해야 한다.
3. 훈련을 마친 후 노출 시도 중 경험한 증상의 강도와 불안의 강도를 평가한다.

각 노출 시도 후 3×5인치 카드에 나열했었던 생각들이 어떻게 증상을 가속화했는지를 검토한다. 감각을 멈추려 하거나 감각과 싸우려 하지 말고 다만 감각이 일어나도록 내버려두게 한다. 또 다른 상황에서의 감각에도 익숙해지도록, 세 번째 머리 돌리기 및 과호흡 시도 때에는 일어나서 움직이도록 한다. 증상을 경험하는 동안 좀 더 편안함을 느끼고 남아 있는 불안을 다룰 수 있도록 하는 신체적 및 인지적 대처전략을 적용하게 한다. 감각을 멈추려고 노력하거나 감각에 지나치게 주의를 기울이지는 않는지 평가한다. 몸을 통제하려고 하거나 감각을 없애려고 해서는 안 된다는 것을 강조한다. 한편으로 환자가 감각에 대해 재앙적 해석을 한다면 그것을 계기로 하여 그런 생각이 어떻게 불안을 유발하는 효과를 내는지를 보여주고, 인지적 대처전략을 적용하는 것을 가르치는 기회로 삼는다.

점진적 근육이완법

환자에게 다음 절차에 따라 점진적 근육이완법을 10분간 연습하도록 한다.

- **손과 팔의 긴장** : 주먹을 쥐고 주먹 쥔 손을 어깨까지 올려 손과 팔 근육을 긴장시킨다.

- **어깨 긴장** : 어깨를 귀 가까이 끌어올려 살짝 으쓱한다.
- **얼굴 긴장** : 눈썹을 찡그리거나 주름지게 하면서 입술과 이를 가볍게 누른다.
- **가슴 긴장** : 가슴으로 깊이 호흡을 들이마시고 잠시 멈춘다.

　이 간단한 이완 연습 후 이완 신호(RC) 절차와 환자가 그것을 어떻게 적용하는지를 검토한다. 완전한 근육이완법과 RC를 더 많이 연습할수록 원하는 때에 그 절차를 활용할 수 있는 가능성이 커진다. 이 연습의 궁극적인 목적은 RC만으로도 완전한 이완에 도달하는 것이지만, 이완의 목적은 불안을 완전히 멈추려고 하는 것이 아니라 어떤 신체적 증상이 나타날 때 좀 덜 긴장하도록 하기 위한 것이다.

과제

이 회기부터는 구체적인 과제를 '과제 연습 기록지'에 적어주고 연습한 내용을 기록지에 기록하도록 한다. 또한 '증상 유도 기록지'에 증상 유도 결과를 기록하는 것도 계속 해오도록 한다.

✎ 자극감응 노출 훈련을 하도록 한다. 두 가지의 노출 훈련을 해야 한다. 각각은 습관화될 수 있도록 최소 3번 연속으로 시행하며 매일 연습해야 한다.

✎ 환자가 약물 테이퍼를 추가적인 자극감응 노출 훈련의 하나로 보도록 한다. 테이퍼 관련 증상을 알아차린다면 그것을 식별하고 감각과 함께 이완하기를 시도해보고 인지적 대응전략을 활용해본다. 이 증상의 근원은 알 수 있으나 증상을 제어하지는 못한다고 생각할 수 있다. 그러나 제어하지 못한다는 특성이 그 감각이 더 위험하다는 것을 의미하지는 않는다. 감각을 없애려 하거나 통제하려 하지 않고 감각을 견디는 능력을 높이는 것이 목표이다. 자극감응 노출 훈련 중에 익힌 기술은 약물 테이퍼 중에 생기는 모든 증상에도 적용할 수 있다.

✎ 최소한 하루 2회 이상, 가장 문제되는 생각(3×5인치 카드에 적힌 것 등)을 검토하고 대응하도록 해본다. 카드에 기록하지 않은 생각이 있다면

다시 기록하도록 해야 한다. 이 검토 작업의 목표는 환자가 '이런 생각에 지루해지도록' 하는 것이다. 즉, 생각이 불안을 유발하거나 악화시키지 않게 하는 것이 목표이다.

- ✎ RC 훈련은 하루에 수 회, 완전한 점진적 근육이완법 훈련은 격일 또는 더 자주 시행하도록 한다.
- ✎ 느린 횡격막 호흡 훈련을 매일 시행한다.
- ✎ 약물 테이퍼 증상 체크리스트를 활용하여 이번 주의 증상을 검토하도록 한다.

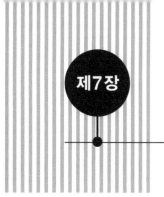

제7장

5회기

개요

- 과제 검토
- 이완 신호(RC) 과정 리허설
- 약물 테이퍼 관련 증상 검토
- '벤조디아제핀 독감' 모델 교육
- 재앙화 사고, 가능성 과대평가 검토 및 대처전략 활용
- 자극감응 노출 시행
- 인지 코칭의 개념 교육
- 과제 배부

회기 목표 훑어보기

이 회기에서도 불안의 신체감각의 의미를 변화시키고 '두려움에 대한 두려움 사이클'을 끝내는 데 초점을 맞출 것이다. 진행 중인 자극감응 노출의 맥락에서 추가적으로 고려할 만한 정보를 제공할 것이다. 이 회기에서는 추가적인 훈련을 통해 자극감응 노출로 유발하는 신체감각의 범위가 더 확장된다. 또한 자극감응 노출의 한 형태로서 금단감각을 개념화하고 금단감각을 견디는 능력을 증가시키는 모델(벤조디아제핀 독감)을 소개할 것이다. 이는 시간이 지

날수록 공황장애의 관리에 유용할 것이다. 또한 '코칭 스토리'의 맥락에서 인지재구성의 확장된 버전을 제공받는다. 이 회기에서는 집에서의 규칙적인 연습은 덜 강조된다. 필요할때마다 환자가 횡격막 호흡 및 근육이완법 절차를 사용할 수 있게 되며 신체감각에 대한 두려움을 없애기 위하여 집에서의 연습을 더 열심히 하게 될 것이기 때문이다.

5회기를 성공적으로 수행하기 위해 다음 학습 요소가 중요하다.

- 보다 넓은 범위의 신체감각에서 편안함을 느낄 수 있으며 금단감각이 있다면 여기에서도 편안하게 느낀다.
- 사고 편향에 대해 보다 전반적으로 배우고, 부정적인 사고를 관찰하여 적응적인 대안으로 대체하는 과정을 보다 포괄적으로 익힌다.
- 공황장애와 벤조디아제핀 금단감각에 대한 혐오감을 줄이기 위한 전략으로서 자극감응 노출 훈련을 지속한다.
- 이완 신호(RC)를 사용하여 신체긴장을 줄인다.

과제 검토

자극감응 노출 훈련 검토

'과제 훈련 및 증상 유도 기록지'를 받아 자극감응 노출 과제를 검토한다. 환자가 이 훈련에서 경험한 불안의 정도를 2회기에서의 초기 노출 시 경험한 불안의 정도와 비교한다. 불안 수준이 감소했음을 확인하고 감소와 관련된 모든 변화(예 : 인지의 변화, 신체감각과 불안의 경험을 분리하는 능력의 증가, 성공적인 인지적 대처)에 대해 질문한다.

만약 기록지나 훈련을 해오지 않았다면 다음에는 해올 수 있도록 격려하고, 자기 모니터링과 규칙적 연습의 중요성을 강조한다. 노출훈련을 완료하지 못했다면 이유를 알아보고 필요하면 걱정을 덜어 준다. 규칙적 훈련의 중요성을 다시 강조한다.

자극감응 노출 훈련을 검토하면서 불안을 느꼈을 때 훈련 빈도를 줄였는지 물어본다. 만약 그렇다면 환자들은 훈련을 하기 전에 걱정하는 경향이 많기 때문에 오히려 자극감응 훈련을 마친 뒤 덜 불안해한다는 것을 설명하여, 불안함에도 불구하고 절차를 다 마칠 수 있게 격려한다. 일단 훈련을 마치고 나면 이 감각이 생각만큼 나쁘지는 않고 남은 하루 동안은 더 이상 걱정하지 않아도 된다는 것을 알게 된다. 자극감응 노출 훈련은 또한 대처기술을 연습할 수 있는 기회를 제공한다. 이런 종류의 훈련은 자연스럽게 불안이 발생할 때 도움이 될 것이다.

횡격막 호흡, 근육이완법, RC 과정 검토

집에서의 연습에 대해 질문한다. 먼저 RC를 사용하기 시작한 뒤로 매일의 긴장 수준에 어떤 변화가 있었는지 물어본다. 오래된 습관은 깨지기 어렵고 새로운 기술을 자연스럽게 사용하는 것에는 시간이 걸릴 수 있음을 상기시키면서 어려움을 겪는 환자들을 격려한다. 이 논의에 이어서 바로 RC 과정 사용을 검토한다. 또한 횡격막 호흡과 완전한 근육이완법 기술에 대해 질문한다.

RC 과정 리허설

이 훈련의 목적은 RC 과정을 잘 사용하는지 검토하는 것이다. 먼저 심호흡을 하고 어깨와 얼굴을 긴장시킨다. 그리고 약 5초간 이 자세를 유지한 뒤 이완한다(긴장을 빠르게 풀면서 숨을 내쉰다). 이완 후 10~15초간 이완된 느낌과 편안함을 느끼도록 한다. 몇 초간 근육이완이 지속되도록 한다. 보다 덜 이완이 될 만한 상황에서도 RC 기술을 사용할 수 있게 하기 위하여 선 자세에서도 연습해본다. RC 과정의 또 다른 목표는 하루 종일 긴장 수준을 낮춘 채로 유지하는 것이다. 따라서 규칙적인 훈련이 필요하다. 약물 테이퍼의 결과로 불안이 전반적으로 증가될 수 있는데, 이를 관리하는 데도 이 기술은 유용하다.

약물 테이퍼 관련 증상 검토

'약물 테이퍼 증상 체크리스트'를 검토한다. 지난주에 약물 테이퍼와 관련하여 어떤 어려움이 있었는지, 테이퍼 관련 증상을 다루는 데 어떤 방법을 사용했는지 물어본다. 불안을 너무 경계하는 것 또는 불안할 것이라고 예상하는 것은 모두 금단증상을 악화시킬 수 있다는 것을 알려준다. 또한 이런 증상은 일시적이며 치료 목표는 이런 감각을 견딜 수 있게 하는 것임을 상기시킨다.

'벤조디아제핀 독감' 모델

약물 테이퍼 관련 신체감각을 다루는 또 다른 방법으로 '벤조디아제핀 독감'에 대한 인지적 대처기술을 소개한다. 다른 신체감각에 대처하는 전략을 약물 테이퍼 관련 증상에 적용하도록 하는 것이다. 예를 들어 환자는 독감 증상이 있더라도 두려워하지 않고 그저 독감 증상에 대처한다. 스스로를 돌보고 최선을 다해 업무를 수행한다. 그 증상이 유쾌하지는 않다. 사실 매우 불편할 것이다. 그러나 환자는 독감이 다 나을 때까지 두려움 없이 그 증상을 견딘다.

환자가 금단증상을 '벤조디아제핀 독감'의 한 에피소드로 여길 수 있도록 격려한다. 독감에 걸렸을 때처럼 스스로를 다루는 것이다. 그 경험이 즐겁지는 않겠지만 테이퍼 프로그램 내에서 견딜 수 있는 것이기는 하다. 또한 금단증상을 견디는 훈련은 장기적으로 공황장애를 관리하는 데 유용한 기술이다. 예상되는 불안, 스트레스, 공황감각, 금단증상 등 그 근원에 관계없이 불안의 신체감각을 제어하려는 어떤 노력도 하지 않을 수 있게 된다.

재앙화 사고, 가능성 과대평가 및 대응전략의 검토

환자의 인지오류 목록에서 3~4개의 주요 오류를 확인해보도록 한다. 이러한 생각을 매일 식별하고 대응하려는 노력을 했는지 확인한다. 이러한 생각은 그의 불안 경험에 영향을 미친다는 것을 다음 예시를 통해 말해준다.

이는 당신을 한동안 괴롭힌 생각입니다. 이런 생각은 사람이 할 수 있는 가장 무서운 생각 중 하나입니다. 우리가 이런 생각들을 진지하게 받아들인다면 불안해지는 것은 정말 당연합니다. 예를 들어 잔인하게는 다음과 같이 해볼 수 있습니다. 거리에서 한 사람을 찾아 그에게 휴대전화를 주고 전화를 걸 때마다 특정한 재앙화 사고를 알려주는 것입니다. 예를 들어 전화

를 걸어 다음과 같이 말하는 것이죠. "당신은 곧 죽을 수도 있습니다." 또
는 "지금 넘어지지 않으리라는 것이 확실한가요? 몇 분 안에 끔찍한 일이
생길 겁니다." 특히 이미 불안할 만한 상황에 있을 때 그 사람에게 전화를
겁니다. 예를 들어 비즈니스 미팅 중이라면 우리는 전화를 걸어 곧 당신의
심장이 두근거릴 수도 있으며 그럼 방에서 뛰쳐나가야만 할 것이라고 말
해주는 겁니다. 단 며칠만 이렇게 하더라도 이 사람은 극도로 불안해질 것
입니다. 이런 일을 할 수 있으려면 매우 잔인해야 할 것입니다. 그런데 사
실 당신에게 일어난 일이 바로 이것입니다. 당신은 종종 매일매일의 일상
에서, 특히 이미 긴장해 있는 상황에서 이런 무서운 자동적 사고를 경험해
왔습니다. 만약 이 생각들 몇 가지가 계속해서 습관적으로 떠오른다면, 이
생각들을 진지하게 받아들이지 않는 것이 스스로를 위해 가장 좋을 것입니
다. 사실 나는 그런 생각들을 우리의 예시에서처럼 다루고 싶습니다. 당신
이 이 생각들이 왜곡되었다는 것을 깨닫고, 거기에 맞서고, 믿을 만한 생각
이 아닌 그 생각을 더 이상 믿지 않게 되기를 바랍니다. 부정적 예측(가능
성 과대평가)에 대응하고 재앙화에서 벗어난다면 이러한 생각들이 더 이상
불안감을 불러일으키거나 지속시키지 못할 것입니다.

불안의 몇 가지 삽화를 검토하고 인지오류의 예시를 확인한다. 그런 인지에
대응하는 방법을 환자에게 지도한다.

자극감응 노출

이론적 근거

자극감응 노출을 수행하기 전에 이 과정에 대한 보다 자세한 이론을 환자에게
제공한다. 여기서는 자극감응 노출 전략이 보다 광범위한 맥락에서 제시된다.
즉, 지금까지의 과정을 환자의 경험과 통합하며 공황장애를 보다 구체적으로
통제하는 데에 적용한다. 이론적 근거는 다음 정보를 포함해야 한다.

공황장애의 특징은 불안의 신체감각에 대한 과민함과 두려움이다. 이런 과
민함과 두려움 때문에 환자들은 종종 빠른 심장박동과 같은 특정한 신체증상
만 있어도 이에 반응하여 완전한 공황발작에 빠진다. 불안의 신체감각이 '두
려움에 대한 두려움 사이클'로 이어지지 않도록 함으로써 환자가 다른 방식으

로 반응할 수 있도록 재교육하는 것이 자극감응 노출의 목표이다. 이 반응은 여러 수준에서 발생하며 다음 요소들을 수반한다.

- **인지적 요소** 자신을 다르게 코치하거나 감각을 다른 방식으로 해석하는 방법을 배우는 것
- **행동적 요소** 회피, 주의 돌리기, 도망치기와 같은 대처반응을 사용하기보다는 긴장하지 않고 이완하여 감각에 직면하는 것
- **생리적 요소** 몸이 신체감각에 편안해져서 (또는 좀 더 잘 견디게 되어서) 자동적 경보반응을 울리지 않게 되는 것

환자에게 조건화의 예시를 제공한다. 특히 자주 일어나는 자극에 대한 습관화의 흔한 예시를 제공한다. 다음과 같은 예시를 사용할 수 있다.

사람들이 이상한 소음에 익숙해지는 방식이 하나의 예입니다. 대부분의 환자들은 새로운 초인종 벨소리나 새로운 전화 벨소리로 바꿨던 때를 기억할 수 있을 것입니다. 처음에는 벨소리에 매우 놀라거나 기겁할 수도 있습니다. 그러나 며칠이 지나면서 벨소리가 계속해서 들리게 되면 그 소리에 익숙해지고 편안해집니다.

환자에게 이 예시나 다른 예시를 제공한 후에는 민감성 소실이 자극감응 노출의 목표임을 강조한다. 현재는 공황발작을 연상시키는 특정 감각이 뇌의 경보(투쟁-도피 반응)를 울린다. 공황장애는 부분적으로 환자가 이러한 감각에 매우 민감해지도록 만들어 왔다. 뇌가 이런 신체감각을 견딜 만하게 느끼고 익숙해져서 이러한 감각을 경험할 때 경보가 울리지 않게 하는 것이 목표이다. 환자가 이 개념을 이해하도록 한다. 감각을 좀 더 잘 견디는지 확인해본다.

이론적 근거에 대한 논의를 미치면서 불안의 신체감각에서 완벽하게 자유로운 사람은 없다는 것을 상기시킨다. 불안은 자연스럽고 가치 있는 사건이며 어떤 측면에서도 위험하지 않다. 불안의 적응적 결과에 대한 예시를 제공한다 (예 : 차가 다가올 때 피할 수 있게 함). 또한 다양한 다른 감정들도 불안과 공황 중에 경험했던 것과 유사한 신체감각을 불러온다는 것을 논의한다. 여기서 불안장애가 있는 환자들은 종종 다른 감정 상태와 불안을 구분하는 능력을 상실한다는 것을 지적하는 것도 도움이 된다. 다른 감정과 불안을 구분하지 못

하는 이유 중 하나는 다양한 감정 상태에서 유사한 생리적 변화가 일어나기 때문이다. 예를 들어 기분이 상하거나 화가 나거나 성적으로 흥분하면 심박수, 혈압, 근육긴장, 땀이 모두 증가한다. 화를 낼 때는 흔히 이러한 감각을 알아차리지 못한다. 그러나 화를 낸 직후에 신체감각을 알아차리면 두려움이라는 측면에서 감각을 해석하여 공황발작에 빠진다.

일상적인 매일의 사건도 신체감각을 일으킬 수 있다. 환자는 하루 중에도 여러 번 운동, 빠르게 일어나기, 서두르기 등 심박수를 올리는 활동을 한다. 자극감응 노출의 목표는 이러한 감각을 회피하는 것이 아니라 여기에 두려움으로 반응하지 않으면서 이 감각을 잘 견딜 수 있게 하는 것이다 결과적으로 신체감각은 그렇게 중요한 사건으로 인식되거나 해석될 가능성이 작아진다. 이것이 자극감응 노출을 규칙적으로 연습하는 것이 중요한 이유이다. 벤조디아제핀 테이퍼 관련 증상에도 동일한 원칙이 적용될 수 있다. 약물 테이퍼 관련 감각에 익숙해지는 것이 향후 불안삽화를 다룰 때 유용할 것임을 다시 상기시킨다.

연습

공황이나 테이퍼 경험에서 자연스럽게 느끼는 감각과 가장 유사한 감각을 느끼려면 어떤 운동을 해야 하는지를 결정하기 위하여 다음 운동을 최소 1회 이상 완료해야 한다. 유도 과정에서 대처전략을 활용하지 말도록 한다. 모든 경우에 지정된 시간 동안 운동을 완료하도록 격려한다. 단, 필요하면 운동을 종료시킨다.

각 운동 후 0~10 평가척도(0 = 없음, 5 = 중간, 10 = 매우 심함)를 활용하여 다음 사항을 스스로 평가하도록 한다.

- 경험한 신체감각
- 이 감각들의 강도(0~10)
- 경험한 모든 불안의 강도(0~10)
- 유도된 감각과 약물 테이퍼 관련 증상과 자연스럽게 발생하는 불안 간의 유사도(0~10)

튜브 호흡

이 운동의 목적은 호흡이 제한되는 감각, 호흡에 대한 급박감, 질식에 대한 공포를 만들기 위한 것이다. 2분간 커피스틱이나 칵테일 빨대와 같이 얇은 빨대를 통해 호흡하도록 한다. 코로 호흡하지 않도록 하고 코를 잡고 있도록 한다.

손 또는 거울 응시

이는 비현실감 또는 이인감 유발 운동이다. 거울을 쳐다보며 가능하다면 1~2분간 이름을 반복해서 조용히 부른다. 또는 약 3분간 손을 응시하면서 조용히 "이것은 나의 손입니다, 이것은 나의 손입니다, 이것은 나의 손입니다…"라고 반복해볼 수도 있다.

근육긴장

이 절차는 근육긴장감, 때로 마비감이나 저린감을 유발하며, 도망치고 싶은 급박감을 동반하는 전신 불편감을 유발하기도 한다. 1분간 몸 전체의 근육을 긴장시키거나 약 3~5분간 팔굽혀펴기 자세를 취하도록 한다.

몸 굽히기

약 1분간 몸을 굽혀 머리를 다리 사이에 두고 나서 재빨리 똑바로 선 자세로 돌아와 머리를 들면, 약간의 어지러움과 홍조반응을 유발할 수 있다. 많은 경우 머리를 내리고 있을 때 얼굴에서 뜨겁거나 '눌리는' 감각을 느끼기도 한다.

가벼운 응시

글자를 읽을 때 집중이 안 되는 느낌 및 시각적 불편감(점이 보이거나 흐린 시야)을 유발하는 운동이다. 약 30초간 밝은 빛을 응시하도록 한다(형광등 불빛을 사용하지는 마라). 빛을 응시한 직후에 짧은 문단 하나를 읽어보도록 한다.

목이 조이는 느낌

침을 삼키는 순간 목을 잡도록 한다. 5~10초간 이 자세를 유지하도록 한다(보통 10초 이상 이 자세를 유지하기는 어렵다).

이 모든 훈련이 끝난 후 공황 또는 금단증상과 가장 비슷했던 증상을 유발했던(즉, 가장 유사도 점수가 높았던) 두 가지 운동을 꼽아보도록 한다. 어떤 운동에서도 비슷한 감각이 유발되지 않았다면, 머리 돌리기나 과호흡 또는 다음 몇 가지 절차 중 적절한 것을 수행하도록 한다. 항상 3회기에 설명된 보편적 절차를 따른다.

- 흉통을 유발하기 위해, 깍지를 끼고 손을 머리 뒤쪽에 둔 채 팔꿈치를 뒤쪽으로 민다. 이어서 숨을 깊게 들이마시고 1초에 한 번씩 흉식 호흡을 하도록 한다. 1분간 지속한다.
- 열감을 유발하기 위해, 회기 중 다운 코트 또는 스웨터 몇 겹을 입도록 한다(집에서 훈련 시 TV를 보면서 그렇게 하도록 한다).
- 목이 조이는 느낌을 유발하기 위해, 위에 설명된 삼키기 절차를 사용할 수도 있고, 목에 스카프나 넥타이를 세게 맬 수도 있다.

불안을 가장 많이 유발했던 두 가지 운동을 꼽았다면 각각 3번의 노출을 시행한다. 시행 후 규칙적인 연습의 중요성을 상기시킨다. 치료 시작 전에 비해 이미 이러한 감각에 훨씬 익숙해졌음을 (또는 감각에 더 잘 견디게 되었음을) 지적한다. 이 절차를 매일 연습해야 함을 강조한다. 다음 주에 매일 1~2개 훈련을 연습하도록 한다. 습관화를 촉진하기 위해 각 훈련을 최소 3번 연속으로 시행해야 한다. '증상 유발 기록지'에 각 운동을 평가하도록 한다.

인지적 코칭

불안을 감소시키는 인지기술을 연습할 때 셀프 코칭이 때로 유용하다. 인지적 대처의 또 다른 방법으로 다음 지문을 제시해야 한다. 이 이야기의 내용은 불안과 공황에 대처하기 위한 것뿐만 아니라 평소의 기분 관리와도 연관된 것임을 알려주면서 이 자료를 소개한다.

몇 분간 야구와 코칭에 대해 말씀을 나누고 싶군요. 야구나 소프트볼은 좋은 주제입니다. 왜냐하면 대부분의 사람들이 초등학교 때 여자팀이나 남자팀 또는 혼성팀에 속해서 시합을 해봤을 것이기 때문이지요. 야구는 또한 부모들의 극단적인 반응과 극단적인 코칭 스타일로 잘 알려진 스포츠인 것 같습니다. 특히 저는 리틀 리그팀을 지도하는 두 가지 유형의 코치에 대해 이야기하고 싶습니다. 시나리오 하나를 소개해보겠습니다. 어린 제인이 외야에 있다고 상상해보세요. 무언가 일어나기를 기다리는 동안 얼마 동안 거기에서 서성이고 있는데, 다른 팀에서 이제 막 공을 치고 뛰기 시작했습니다. 제인은 플라이 볼이 오는 것을 봅니다. 그녀는 장갑을 준비한 상태에서 백업하고 또 백업하지만, 공이 날아와서는 머리 위로 지나갑니다. 제인은 공을 놓쳤습니다. 다른 팀에서 베이스를 돕니다. 제인은 돌아서서 공을 찾기 위해 출격하고 플라이 볼이 홈런이 되는 것을 막기 위해 최선을 다해야 합니다.

여기서 코치가 반응하는 몇 가지 방식이 있습니다. 먼저 코치 A입니다. 코치 A의 반응은 경기장으로 뛰어나가 말하는 것입니다 "네가 그 공을 놓쳤다니 믿을 수가 없다! 무슨 일이야? 네가 완전히 망쳤어! 다시 한 번 그런 식으로 일을 망쳐 놓으면 다음 몇 이닝 동안에는 벤치에 앉아 있어야 할 거야. 더 이상 엉망으로 만들지 마!" 그리고 코치는 경기장을 떠날 것입니다. 만약 제인이 나와 비슷하다면, 아마 거기에 서서 플라이 볼이 그녀 쪽으로 오지 않기를 간절히 바라면서 떨고 긴장하고 거의 눈물을 흘리며 서 있을 것입니다. 공이 다시 그녀 쪽으로 온다면 그녀는 잘 대응하지 못할 가능성이 큽니다. 왜냐하면 (a) 눈물을 흘리느라고 공을 잘 못 볼 수 있고, (b) 다른 플라이 볼이 올 때 어떻게 해야 더 잘 할 수 있는지를 모를 것이기 때문입니다. 그러나 문제는 다음 게임에서는 더 상황이 악화될 수 있다는 점입니다. 우리가 제인의 부모라면, 아마 연습 전이나 다음 게임 전에 제인이 긴장해서 일어나거나, 연습 전에 갑자기 배가 아프다고 하는 것을 발견할 것입니다. 야구 실력이 늘지 않는다 하더라도 더 이상 시합에 나가고 싶어 하지 않을 수 있습니다. 그녀는 겁을 먹은 채로 외야에서 많은 시간을 보낼 수도 있습니다.

이제 코치 B가 동일한 시나리오에 반응하는 것을 보도록 하겠습니다. 코치 B는 경기장으로 나가 솔직하게 말합니다. "제인, 공을 놓쳤네. 내야 플라이 볼은 항상 실제보다 더 가까워 보인다는 것을 기억해야 해. 따라서 뒤로 몇 걸음 물러서서 보다 가슴 높이에서 공을 잡으려고 노력하는 것이 중요해. 또한 공을 잡을 때 다른 손 역시 항상 공을 잡을 수 있도록 준비하고 있어야 해. 다시 한 번 시도해보면서 최선을 다해봤으면 좋겠다." 그리고 경기장을 떠납니다.

제인은 공을 놓친 것에 대해 기분이 나쁠 수도 있겠지만, 코치 B의 스타일로 인해 몇 가지 중요한 차이가 생깁니다. 첫째, 제인은 다음에 어떻게 해야 할지 알고 있기 때문에 개선될 수 있는 기회가 생깁니다. 둘째, 이것이 더 중요할 수 있는데, 제인은 그렇게 화가 나지 않을 것입니다. 공을 놓쳤다는 것에 행복하지는 않겠으나 조금 더 합리적으로 대우받았기 때문에 다음에 내야 플라이가 그녀 쪽으로 왔을 때 조금 더 잘할 수 있을 것입니다.

자, 이제 부모님이 어떤 코치를 선택해야 하는지 판단이 쉬워집니다. 대부분 코치 B를 선택할 것입니다. 아마도 코치 B가 보다 효과적으로 코칭을 하기에 제인은 다음에 어떻게 다르게 시도해야 하는지를 알 것이고, 따라서 코치 B와 야구를 했을 때 보다 나은 선수가 될 가능성이 클 것이기 때문입니다. 야구선수로 키울 생각이 없다 하더라도 여전히 코치 B를 선택할 것입니다. 제인이 게임을 더 즐길 수 있을 것이기 때문입니다. 결국 야구는 게임이고, 즐기기 위한 것입니다. 제인이 웃으면서 나가서 경기하기를 바란다면 우리는 코치 B를 선택할 것입니다.

우리 대부분 부모로서는 코치 B를 선택할 것입니다. 그러나 우리 스스로에게는 코치 B를 잘 선택하지 않습니다. 우리 대부분은 코치 A의 관점에서 자신을 코치합니다. 우리가 일을 망쳤다면 스스로에게 소리를 지릅니다. "내가 왜 이랬을까, 어떻게 이렇게 바보 같을 수가 있을까? 이 머저리야!" 더 나쁜 것은 우리가 종종 작은 제인과 같은 기분을 느낀다는 것입니다. 기분이 나쁩니다. 긴장합니다. 거의 눈물을 흘릴지도 모릅니다. 진짜 문제는 이게 야구 경기에 대한 이야기가 아니라는 것입니다. 삶에 대한 이야기를 말하는 것입니다. 우리는 삶에서 비참한 기분을 느끼도록 하는 방식으로 스스로를 코치하는 경향이 있습니다. 사실 우리 스스로를 코치하는 것처럼 가혹하게 다른 사람들을 코치하는 일은 거의 없습니다. 이런 가혹함은 우리에게 손해를 입힙니다.

이 이야기를 들려드린 것은 당신이 스스로를 어떻게 코칭하는지 생각해보았으면 하기 때문입니다. 당신이 스스로와 대화하는 방식을 살펴보고 스스로가 코치 A 스타일 쪽인지 코치 B 스타일 쪽인지 생각해보기 바랍니다. 저는 당신이 코치 A 스타일일 것이라는 데 한 표를 던집니다. 살면서 우리는 우리 스스로에게 소리를 많이 지를수록, 우리 자신에게 더 잔인할수록 보다 잘할 것이라는 어리석은 생각을 갖게 되는 것 같습니다. 로커룸으로

가서 모두에게 일을 어떻게 이렇게 망쳤는지, 당신들은 절대 바뀌지 않을 것이며, 그들의 어머니가 옳았으며 다음 이닝에서 질 것이라고 소리 지르는 방식, 우리 누구도 그런 식으로 팀을 코칭하지는 않을 것입니다. 그렇게 한다면 아마 모두가 그 게임을 싫어하게 될 것입니다. 여기서도 역시 삶의 목적은 게임에서 반드시 이기는 것이 아니라 게임을 즐기는 것입니다. 이번 주 과제는 매일 여러 번 스스로를 관찰하여 코칭 스타일을 확인하는 것입니다. 스스로에게 코치 A 스타일을 사용하는 것을 발견한다면 코치 B 스타일로 바꾸어 보십시오. 코치 B 스타일은 "그래, 실수를 했어."라고 진실을 말해줍니다. 그리고 어떻게 다르게 해야 하는지에 중점을 두지, 스스로에게 소리를 질러 성과나 기분을 더 악화시키는 데 중점을 두지 않습니다.

과제

✎ '과제 연습 기록지'에 과제를 정리하고 모니터링한다.

✎ RC 과정을 매일 사용한다.

✎ 코칭 스타일을 관찰하도록 한다.

✎ 매일 최소한 3회의 자극감응 노출 훈련을 한다. 공황발작 증상 또는 금단 증상과 가장 비슷한 감각을 유발하는 운동을 수행하도록 한다. '증상 유도 기록지'에 수행한 것을 기록한다.

✎ '약물 테이퍼 증상 체크리스트'를 사용하여 이번 주의 증상을 평가한다.

제8장

6회기

개요

- 약물 테이퍼 관련 증상 검토
- 인지오류 및 대응전략 사용 검토
- 자극감응 노출 과제 검토 및 회기 내 연습
- 수면장애에 대한 중재 소개
- 과제 배부

회기 목표 훑어보기

이 회기에서도 불안의 신체감각의 의미를 변화시키고 '두려움에 대한 두려움 사이클'을 중단하는 데 계속 초점을 맞춘다. 자극감응 노출에서 인지재구성을 수행한다. 증상에 대해 걱정하는 반응을 하지 않도록 하기 위함이다. 인지재구성은 벤조디아제핀 금단감각에도 적용된다. 벤조디아제핀 독감 모델을 재검토한다. 자극감응 노출을 통한 규칙적인 증상 유도를 집에서 연습하는 것이 가장 중요한 과제이다.

6회기를 성공적으로 수행하기 위해 다음 학습요소가 중요하다.

- 보다 넓은 범위의 신체감각에서 편안함을 느낄 수 있으며, 금단증상이 있다면 여기에서도 편안함을 느끼도록 한다.

- 사고 편향에 대해 더 전반적으로 배우고, 부정적인 사고를 보다 포괄적으로 관찰하고 보다 적응적인 대안으로 대체하기 시작한다.
- 공황장애와 벤조디아제핀 금단감각의 혐오감을 줄이기 위한 전략으로서 자극감응 노출을 지속한다.
- 이완 신호(RC)를 사용하여 신체긴장을 줄인다.

과제 검토

셀프 코칭

5회기에서 소개된 코칭 스타일(코치 A와 B)에 대한 토론으로 6회기를 시작한다. 환자가 제시한 구체적인 예시를 사용하여 환자가 어떤 코칭 전략을 사용하는지 논의한다. 어떤 전략을 사용했는지(A 또는 B) 그리고 사용한 전략이 금단증상 또는 불안에 어떤 영향을 미쳤는지 확인한다. 가능할 때마다 차이점을 지적한다. 표 8.1을 검토하고 환자에게 이러한 경향이 있는지 논의할 수 있다.

환자들은 종종 코치 A 스타일을 사용하게 되는 이유에 대해 질문한다. 이는

표 8.1 | 기분을 망치는 방법

- 실수를 했다면 그에 대해 계속 생각하라.
- 작은 실수에도 인생 전체에 영향을 미치는 것처럼 대하라.
- 실수를 하나 하면 지금까지 했던 모든 실수를 떠올려라.
- 대처하기 어려운 일이 하나만 있더라도 당신은 항상 문제 속에 있었다고 생각하라.
- 실수를 하면 이름을 반복해서 불러라.
- 즐거운 일에 대해서는 절대 생각하지 말고 긍정적인 변화가 일어날 것이라고 절대 믿지 마라.
- 절대 다른 방식으로 시도해볼 계획을 짜지 마라. 그냥 당신 자신에게 소리만 쳐라.
- 기분을 더 나쁘게 만듦으로써 더 잘할 수 있을 것이라고 믿어라.
- 늘 도달할 수 없는 이상적인 대상과 비교하라.
- 아직 완벽하지 않다면 더 나아질 것이라고 믿지 마라.
- 일을 열심히 하고 나서는 쉬지 마라.
- 스스로를 다른 사람을 대하는 것보다 더 나쁘게 대하라.

실수를 방지하려는 (즉, 더 완벽해지려는) 노력을 하는 과정에서 발전되는 경우가 많다고 설명한다. 우리는 종종 실수를 하면 혼난다는 것을 알게 된다. 그 결과 우리는 실수를 피하기 위해 스스로를 가혹하게 처벌하게 된다. 그러나 이 전략은 스스로를 비참하게 만들며, 솔직한 코치 B 스타일만큼 효과적이지도 않다. 다음 예시 등을 사용하여 지나친 자기처벌의 부적응적인 면을 설명한다.

> 사람들은 공황발작이 있은 뒤 빈번하게 나쁜 셀프 코칭 스타일을 사용합니다. 발작이 있은 뒤 많은 환자들이 공황발작이 있었다는 것에 대해 스스로 화를 낼 수도 있습니다. 그들은 자신이 장애를 가지고 있다는 것에 화를 내고, 스스로 공황발작을 '일으켰다'는 것에 화를 내며, 공황발작이 그들의 하루에 영향을 미쳤다는 것에 화를 내게 됩니다. 이 반응은 근육긴장 증가 및 과민성 증가 등 다른 많은 감각을 유발하는 경향이 있기에 문제를 악화시킬 뿐입니다. 화를 내는 것이 보편적이고 일견 자연스러워 보이나, 저는 이런 반응을 알아차리고 그것을 억제하려고 노력하기를 바랍니다. 공황발작 후 코치 B 스타일을 적용하는 것이 훨씬 더 적응적이고 남아 있는 불안의 지속시간도 줄일 것입니다.

이 예시를 사용하여 코칭 스타일과 그 영향에 대하여 추가 논의를 하도록 한다. 공황발작 이후의 셀프 코칭에 대해 자세히 논의한다. 예기불안이나 공황발작을 불러일으키는 코칭 스타일에 대해 논의한다. 환자들이 종종 "더 이상 불안해지면 안 돼!", "지난번처럼 망치면 안 돼!", "긴장해서 회의 중에 뛰쳐나가지 않았으면…"과 같이 불안을 일으키는 생각에 초점을 맞춤으로써 공황발작을 일으키도록 스스로를 코칭하는 습관에 빠져든다는 점을 강조한다. 이런 종류의 코칭은 손해가 된다는 점을 강조한다.

횡격막 호흡, 근육이완, RC 기술

횡격막 호흡, 근육이완, RC 기술을 연습했는지 검토한다.

약물 테이퍼 관련 증상 검토

'약물 테이퍼 증상 체크리스트'를 검토한다. 약물 테이퍼로 인해 어떤 감각이 있었는지와 이러한 감각에 어떻게 대처했는지를 보고하도록 한다. 증상을 오해석할 가능성에 특별한 주의를 기울이고, 오해석이 환자에게 미치는 영향을 지적한다. 환자에게 그러한 오해석을 어떻게 다루었는지 설명해달라고 한다. 환자가 인지오류를 설명하면 '두려움에 대한 두려움 사이클'에서 그러한 생각의 영향에 대해 논의한다.

'벤조디아제핀 독감'을 활용하는 인지적 대처전략과 환자가 이 전략을 활용하기 위해 어떤 노력을 했는지 검토한다. 이 전략은 독감에 걸렸을 때를 기억하는 것이다. 환자는 독감에 걸렸을 때 상당히 심각한 증상에도 성공적으로 대처했을 것이다. 사람들은 일반적으로 독감증상에 대해 불안해하기보다는 증상이 나아질 때까지 그저 기다린다. 금단증상이 일어난다면 똑같은 전략을 사용하도록 격려한다.

인지오류 및 대처전략 사용 검토

재앙화 사고와 가능성 과대평가의 개념을 복습한다. 이 단계에서 환자는 관련된 대응전략뿐만 아니라 이러한 개념을 이해해야 한다. 따라서 이전보다 교육적 요소는 더 적게 한다. 다만 이러한 개념에 대한 이해 및 활용을 묘사해보도록 한다. 재앙화 사고란 실제로는 그렇지 않은 경우에도 어떤 사건을 재앙적이거나 참을 수 없는 것으로 인식하는 경향성을 의미한다. 즉, 어떤 사건을 실제보다 훨씬 나쁜 것으로 상상하거나 그 사건이 일어날 때 거기에 대처하는 능력을 과소평가하는 것이다.

사람들은 불안하고 공포스러울 때 가장 불가능한 행동에 집중하는 경향이 있다. 예를 들어 영화관의 가운데 좌석에 있을 때 일어나서 나가는 것에 집중한다. 고가도로에서 운전할 때 차에서 벗어날 수 없다는 것에 가장 집중한다. 불가능한 행동 한 가지보다는 가능한 모든 옵션에 초점을 맞추는 것이 보다 효과적인 셀프 코칭을 위한 방법이다. 필요하다면 다음 예시를 제시한다.

운전에 대한 두려움이 있는 사람들은 흔히 자신이 할 수 없는 한두 가지 일에 특히 집중합니다. 즉, 이 사람은 앞차를 따라가고, 라디오를 듣고, 차에서 드라이브를 즐기다가 교통체증에 빠질 수 있습니다. 차가 느려지기 시작하면 이 사람은 더 빨리 가야 한다는 인지적 강박을 경험하기 시작할 수 있습니다. 차량흐름이 더 느려지면 이 사람은 이 교통체증을 빠져나가는 데 초점을 맞추고 차에서 뛰쳐나가 걸어가고 싶은 급박감을 느낄 수 있습니다. 교통체증이 일어나기 전과 후, 둘 사이의 실제적인 차이를 살펴봅시다. 한 가지만 다릅니다. 자동차 바퀴가 움직이지 않는다는 점입니다. 이 사람은 여전히 쾌적하고 편안한 차에 앉아 있으며 여전히 여러 가지 다른 대응을 할 수 있습니다. 유일한 변화는 바퀴가 움직이지 않는다는 점입니다. 사실 사람들이 급해지는 경우도 흔합니다. 운전대를 빠르게 두드리거나 앞차와 매우 가깝게 붙을 수 있습니다. 그러나 이것이 차를 더 빨리 가게 할 수는 없으며 그럴수록 비참해질 뿐입니다.

이 상황에서 환자는 좌석에 편안히 앉아 있지 못하고, 대신 개념적으로 앞유리에 붙어서 차를 빨리 가게 하려고 한다. 이는 불안감이나 불쾌감만 불러일으킬 뿐이라는 것을 강조한다. 대안적인 대처방법은 좌석에 편안하게 기대앉아 차가 다시 움직이기 시작할 때까지 시간을 잘 보내는 것이다. 라디오를 켜고 음악 감상하기, 창 밖을 보고 풍경 즐기기, 목적지에 도착해서 즐거운 일을 하는 것에 대해 생각하기 등의 대안적인 대처반응이 가능하다. 이러한 반응이 차를 더 빨리 움직이게 할 수는 없지만 운전자가 더 편안해지는 데는 도움이 된다. 이러한 대안반응의 목적이 신체감각에 대한 환자의 주의를 돌리기 위한 것이 아님을 강조한다. 대신 증상을 다만 신체감각으로써 알아차리는 것이다. 환자는 이제 감각과 함께 이완하고 증상의 유무나 교통체증의 여부에 상관없이 차 안에서 더 편안해질 수 있다.

이어서 확률 추정에 대한 논의로도 이어갈 수 있다. 확률 추정이란 부정적인 사건이나 결과가 발생할 가능성을 과대평가하는 경향을 의미한다. 이러한 유형의 인지오류를 식별하기 위해서 환자는 고가도로나 다리 위를 운전할 때 또는 영화관 중간에 앉아 있을 때 공황발작이 발생했을 경우에 대하여 상상해 보아야 한다. 이러한 두려움에 대응하기 위해서는 식별된 두려움을 지지하거나 반박하는 증거를 평가해볼 필요가 있다.

자극감응 노출

자극감응 노출 과제 검토

'증상 유도 기록지'를 보고 자극감응 노출 과제에 대해 논의한다. 환자가 이 훈련 중에 경험한 불안의 정도를 2회기에서의 노출 시도 중에 경험한 불안의 정도와 비교해보는 것이 유용하다. 불안 수준의 감소를 보고하는 환자에게 강화를 제공하고 불안 수준의 감소와 관련되었을 수 있는 변화들이 무엇이 있을지 질문한다. 환자가 기록지를 작성하지 않았거나 훈련을 완료하지 않았다면, 규칙적인 연습의 중요성을 강조하며 다음에는 그렇게 하도록 강조한다. 노출을 완료하지 못했다면 그 이유에 대해 물어보고 필요하다면 우려를 진정시킨다. 자극감응 노출 연습을 검토하면서 혹시 불안을 느낄 때 연습 횟수를 줄이지 않았는지 물어본다. 불안에도 불구하고 이 절차를 완료하도록 격려한다. 훈련을 완료했을 때 훨씬 불안이 덜해질 가능성이 크기 때문이다.

약물 테이퍼 관련 증상을 자극감응 노출 훈련에서 유발된 감각처럼 다루도록 격려한다. 지금의 테이퍼 관련 증상을 견디게 될 수 있다면 미래의 스트레스 증상도 패닉이 되지 않고 더 잘 관리할 수 있을 것이다(그림 1.3 참조).

회기 내 연습

(5회기의 자극감응 노출 절차 목록 중에서) 가장 유사도가 높은 절차를 파악해보도록 한다. 각 운동을 최소 4회 시행하도록 한다. 선택할 것이 없다면 머리 돌리기 및 과호흡 절차를 사용한다.

이전의 자극감응 노출 연습과 마찬가지로 (a) 구체적인 재앙화 사고와 가능성 과대평가를 검토하고, (b) 운동에 의해 유발되는 감각의 종류를 검토하고, (c) 감각을 유발하기 충분한 에너지로 운동을 하도록 하고, (d) 감각과 함께 이완하도록 하고 그것을 제어하거나 조절하려고 하지 않도록 하며, (e) 최악의 감각을 경험하면서도 서 있고, 걸어 다니고, (집단에 있다면) 다른 사람들과 상호 작용하도록 격려한다. 또한 횡격막 호흡, RC 및 인지적 대처 절차를 사용하도록 격려한다.

이 회기 내 연습은 다음 요소를 포함한다.

- 노출 과정에서 경험할 가능성이 가장 큰 증상을 검토한다.
- 과거에 증상을 악화시켰던 재앙화 사고와 가능성 과대평가를 검토한다.
- 노출 훈련 중 하나를 골라 노출 시 이러한 인지오류를 재연해보도록 한다. 인지오류를 재연함으로써 불안이 증가하는지 여부와 만약 그렇다면 그 증가의 결과를 기록해둔다.
- 노출 훈련을 이어서 시행하면서 이번에는 인지적 대처 사고를 활용하도록 한다. 감각이 구체적으로 어떤 느낌인지에 초점을 맞추고, 어릴 때는 이러한 감각을 즐겼다는 것을 기억하고, 이 증상을 제거하려 하지 않고 이완하며, 이러한 증상은 자연스러운 것임을 기억하도록 한다.
- 적어도 한 번의 시도 직후 증상을 경험하는 중에 일어나서 돌아다녀 보도록 한다.
- 모든 시도에서 증상을 조절하려 해서는 안 되며 대신 이완하고 감각이 어떤 느낌인지를 다 알아차리도록 해야 한다.

증상이 유발되어 환자가 불안해진다면 부록 B에 요약된 절차를 따른다.

수면장애에 대한 중재

벤조디아제핀 감량으로 인해 입면이 더 어려워질 수 있다. 다음 전략은 어려움을 줄이는 데 도움이 될 수 있다.

- 입면을 위해 이완기법을 사용하도록 한다. 전체 또는 약식 근육이완법 절차 및 심상 유도를 이용하여 더 이완을 할 수 있도록 격려한다.
- 잠자리에 들기 약 2시간 전에 뜨겁게 샤워를 하는 등 입면에 도움되는 실질적인 조치를 취한다.
- 잠자리에 들기 최소 1시간 전에는 모든 활동적인 일상생활을 중단하도록 한다. 이 시간 동안 마음이 자연스럽게 가라앉고 각성 수준이 자연스럽게 낮아질 수 있다.
- 침실에서 걱정은 하지 않도록 한다. 침대에 누워 있는데 걱정이 들기 시작한다면, 생각에서 벗어나 침대에 누워 있는 편안함에 집중해보도록 노

력한다. 만약 걱정이 계속된다면 침실을 나가서 걱정의 주제를 적어놓고, 낮시간에 걱정을 하도록 한다. 더 이상 걱정하지 않을 수 있을 것 같을 때 다시 침대로 돌아간다.

- 잠에 들 때 '시계와 싸우지 않도록' 한다. 시계를 보지 말고 잠이 오든 안 오든 침대에서 편안함을 느끼는 데 집중하도록 한다. 좌절감을 느낀다면 침대에서 일어나 졸릴 때까지 책을 읽거나 TV를 보도록 한다.

과제

✎ '과제 연습 기록지'에 모든 과제를 나열하도록 한다. '과제 연습 기록지' 는 매일 적용할 전략을 상기시키는 역할을 한다.

✎ 인지적 셀프 코칭 및 인지재구성 기술을 계속해서 적용해야 한다.

✎ 매일 자극감응 노출을 계속하도록 한다. 노출 시 편안함을 느끼지 못한 다면 다음 주중에 같은 운동을 반복 훈련한다. 노출 시 편안함을 느낀다 면 다른 운동으로 훈련을 한다. 연속 3회, 매일 훈련을 해야 한다.

✎ 약물 테이퍼를 또 다른 자극감응 노출 경험으로 보도록 격려한다. 감각 을 경험하면서 감각과 함께 이완하기를 연습해보도록 한다. 머리 돌리기 와 같은 특정한 노출 훈련이 아닌 약물 테이퍼에 의해 발생하는 증상임을 환자도 알고 있을 수 있다. 그렇다고 하더라도 감각을 즉시 제거하거나 통제하려고 하지 않고 이러한 감각을 편안하게 느끼도록 하는 것이 목표 이다. 또한 '벤조디아제핀 독감' 모델과 인지적 대처전략을 사용하도록 격려한다. '약물 테이퍼 증상 체크리스트'를 사용하여 증상을 평정한다.

✎ 필요한 경우 수면장애에 대한 중재를 사용하도록 격려한다.

제9장

7회기

개요

- 약물 테이퍼와 관련된 증상 검토
- 지금까지 배운 기술 검토
- 위험회피보다는 욕구 목표에 중점을 둔 검토
- 회기 내 자극감응 노출을 실시
- 실제 상황 노출이나 자연적 노출 또는 두 가지 모두에 대한 계획
- 과제 배부

회기 목표 훑어보기

이 회기에서는 계속하여 불안의 신체감각(somatic sensations)의 의미를 바꾸고, '두려움에 대한 두려움 사이클'을 종결하는 데 초점을 맞춘다. 치료의 새로운 요소는 자극감응 노출과 실제 상황 노출 훈련의 통합이다. 이 회기와 이후 회기에서 강조하는 것은 환자가 두려운 감각을 느끼면서 편안함을 배우도록 돕는 동시에 두려움에 대한 두려움 사이클의 기타 요소들(예 : 증상에 대한 긴장반응)을 제거하는 것이다.

7회기의 학습요소는 본질적으로 이전 회기와 동일하지만, 실제 상황 노출을 사용하여 회피된 상황에서 안정감을 학습하는 것이 추가되었다.

- 환자들은 보다 넓은 범위의 감각으로 편안함을 배우고, 만약 금단감각이 있다면 금단감각까지 편안함으로 다룰 수 있다.
- 환자들은 보다 일반적으로 사고 편향에 대해 배우고, 부정적인 사고를 보다 전반적으로 모니터링하며, 보다 적응적인 대안으로 이를 대체하는 과정을 시작한다.
- 환자들은 공황장애와 벤조디아제핀 금단감각에 대한 혐오감을 줄이기 위한 전략으로서 자극감응 노출 훈련을 계속하게 된다.
- 환자는 실제 상황 노출을 사용하여 회피된 상황에 대한 안전 학습을 확장할 수 있는 기회를 갖게 된다.

약물 테이퍼 관련 증상 검토

환자의 약물 테이퍼 증상 체크리스트를 검토한다. 테이퍼 감각 경험을 평가하고, 환자가 이러한 감각에 어떻게 대처했는지에 대해 논의한다. 증상의 오해에 대한 가능성에 주의를 기울이고, 환자에게 대처전략에 대해 설명하도록 한다. 불안한 생각이 두려움에 대한 두려움 사이클에서 갖는 역할을 지적한다. 필요할 경우 4회기와 5회기에서 논의된 인지적 대처전략을 적용하도록 환자를 돕는다.

'벤조디아제핀 독감'의 인지적 대처전략의 사용을 검토한다. 금단증상이 발생할 때 이를 대처하는 데 사용할 수 있도록 권장한다.

배운 기법에 대한 검토

회기를 시작하기 전 두려움에 대한 두려움 사이클을 칠판에 그린다. 회기 동안 중재들을 검토하고 두려움에 대한 두려움 도표(fear-of-fear diagram) 위에 그린다(그림 3.5 참조). 불안에 대처하기 위한 각 기법을 검토해야 하며, 특히 환자의 기법 사용에 중점을 둔다.

자극감응 노출

자극감응 노출의 목적은 신체감각과 경보반응 간의 연결을 끊는 것임을 환자에게 상기시킨다. 자극감응 노출에 대한 전체 이론적 근거를 환자가 이해할 수 있도록 한다. 환자는 내부감각이 공황반응을 자동으로 유발할 수 있기 때문에 치료의 중요한 요소는 이 자동화된 공포반응을 줄이는 것임을 이해해야 한다. 이를 수행하는 한 가지 방법은 통제된 방식으로 두려움 감각을 반복적으로 경험하는 것이며, 이는 환자가 불안으로부터 감각의 경험을 분리하는 데 도움이 될 수 있다. 이 통제된 반복은 소멸을 유발한다. 즉, 무언가를 반복적으로 경험하면 그것은 덜 두려워진다. 예를 들어 초보 스키어가 1년에 한 번만 스키를 탄다면 스키는 두려운 경험으로 남아 있을 수 있다. 반대로 그 사람이 매주 스키를 탄다면 두려움은 줄어들 것이다. 환자에게 감소된 신체감각의 예를 상기시켜준다(예 : 반복된 비행에서 파일럿이 경험하는 오심이 감소). 환자에게 감각에 대한 반복된 노출이 중요하기 때문에 이러한 감각을 최소화하거나 피하려는 모든 시도들을 중단해야 한다는 것을 상기시킨다.

잘못된 인지적 해석

두 번째 치료 초점은 '이런!' 반응의 인지적 요소에 있다. 환자는 두려운 생각들을 확인하고, 그것들에 준비하고 대응하기 위한 방법들을 통해 그러한 생각들이 많은 불안을 이끌어내지 못하도록 하기 위해 배워왔다. 이 과정에는 환자가 불안에 반응하거나 무시할 수 있는 간단한 아이디어가 무엇인지 살펴봄으로써 이러한 두려운 생각에 대해 더 편해지도록 노력하는 것이 포함된다. 또한 환자는 불안을 유발하는 예측을 뒷받침하거나 반박하는 근거를 평가하고, 특정 공황 결과에 대처할 수 있는 능력을 평가하는 방법을 배웠다. 환자에게 자극감응 노출 훈련을 완료하는 동안, 그러한 생각을 하는 것을 연습함으로써 생각을 무시하는 훈련을 받았음을 상기시킨다.

신체반응

환자들에게 감각을 이완하기 위한 시도를 연습하고, 신호 조절 이완법을 적용함으로써 '서둘러/긴장해/조절해' 반응을 억제하는 것에 대해서도 강조한다.

환자들은 또한 더 전반적인 예기불안을 줄이기 위한 기술로서 신호 조절 이완법을 사용하는 방법을 배웠다.

욕구 목표 대 위험회피

공황장애로 인해 종종 위험을 피하는 것에 대해 만성적으로 걱정하게 된다는 것을 환자와 논의한다. 이러한 경향은 공황장애의 자연스러운 결과이다. 환자가 공황 사이클을 깰 수 있도록 치료의 일부에는 이것들을 회피하는 것에 초점을 맞추기만 하는 것보다는 즐거운 경험을 재학습하도록 돕는 것이 포함되어야 한다. 이 과정의 일부에는 환자가 일상적인 사고 패턴에서 부정적인 셀프 코칭을 알아차리는 것이 포함된다.

다음의 사례는 코칭 스타일에 대한 이전 작업을 확장하며 환자가 긍정적인 셀프 코칭을 더 발전시키는 데 도움이 되도록 설계되었다(다른 예시로 대체될 수 있다).

> 우리는 앞서서 A코치와 B코치의 사고 스타일에 대해 논의했습니다. 하지만 이제 저는 당신이 당신 스스로를 코칭하는 방법에 대해 더 논의하고 싶습니다. 하키를 코칭하는 사례를 생각해봅시다. 만약 당신이 하키팀의 코치라고 한다면 쉬는 시간에 로커룸에 들어가서 팀에게 우리가 골을 넣을 가능성이 없다고 말하거나, 그들에게 골을 자주 놓쳤음을 상기시키거나, 그들에게 사실 그들의 많은 골 시도가 골대와 상당히 거리가 멀었음을 상기시키거나, 또는 다른 팀이 매우 잘해서 우리가 열심히 노력하더라도 게임이 잘 진행되지 않을 것이라는 등의 말을 하지는 않을 것입니다. 또한 선수들에게 개인적인 단점을 상기시키거나, 게임 중에 그들의 단점에 집중하도록 요구하도록 하지 않을 것입니다. 선수들이 때때로 얼음 위에서 미끄러져서 넘어진다는 것을 상기시키는 것, 다른 팀 선수들에 의해 쓰러졌다는 것을 상기시키는 것, 또는 지금 좋은 점수를 얻고 있더라도 남은 게임 동안 질 것이라는 말을 하는 것 등은 정말로 잘못된 일입니다. 이러한 모든 것을, 특히 코치가 시행하는 경우 그 팀의 동기를 빼앗고, 게임을 즐기기 어렵게 합니다. 하지만 당신이 짐작했듯이 이것은 사람들이 스스로에게 하고 있는 일입니다. 사람들이 공원에 가기 위해 자동차를 타는 즐거운 일들을 계획할 때 환자들은 종종 잘못될 수 있는 모든 것을 검토합니다.

걱정 시간

환자들은 공황장애에 대한 그들의 경험 때문에 걱정에서 벗어나질 못한다. 걱정에 자주 초점을 맞추면 하루의 질이 떨어지고, 불안과 긴장이 커지는 경향이 있다. 이러한 패턴을 깨기 위한 한 가지 전략은 모든 걱정거리를 특정 '걱정 시간'에 저장해놓는 것이다. 일반적으로 '걱정 시간'은 퇴근 후 이른 저녁으로 정한다. 환자에게 규칙적인 시간과 장소를 골라 걱정하도록 한다. 침실 외부, 특히 바람직하게는 다른 방 책상에 앉아서 하는 것이다. 환자에게 '걱정 시간' 동안 펜과 종이를 가까운 곳에 두도록 하고, 주요 관심사를 적고, 그 문제에 대해 건설적으로 생각하도록 한다. '걱정 시간'은 약 45분으로 하며, 이후 완전한 이완 절차를 거쳐야 한다.

이 방법은 하루 동안 발생하는 일반적인 문제가 아니라 반복되는 걱정에 사용되며, 전자의 경우 그 걱정을 해결해야 함을 설명한다. 반면 하루 동안 반복적인 걱정이 생기는 것에 대해서 환자는 그들의 일일 '걱정 시간'에 그것들을 저장해놓아야 한다.

환자가 걱정을 강하게 느끼는 경우에는 종이에 그 걱정거리를 적어두고, 예정된 시간에 그 걱정을 다루도록 한다.

1~2주 정도의 연습이 필요하지만 이러한 방법은 환자가 불필요한 걱정을 줄이고 '걱정 책상'에 앉아 있을 때 문제를 해결하는 데 도움이 된다.

즐거운 사건 계획하기

환자에게 이번 주에는 부정적인 사고 패턴을 멈추는 데 집중하는 대신 그녀가 하고 싶은 즐거운 모든 사건에 대해 생각해보자고 말한다. 특히 다음 3개월 동안 달성하고자 하는 목표에 대해 생각해보라고 한다. 그녀가 지금으로부터 3개월 이후 시점에서 지난 3개월을 되돌아본다는 상상을 해보도록 한다. 다음과 같은 질문이 도움이 될 수 있다.

- "그때 어떤 기억들을 채우고 싶나요?"
- "당신이 한동안 해본 적은 없었지만 그 3개월에 잘 맞을 만한 것들이 있을까요?(예 : 영화를 보러 가거나, 공원에 가거나, 친구와 커피숍에 가거나,

오랫동안 방문하지 않은 장소나 상점에 방문하는 등)"

- "자녀나 가족과 어떤 대화를 나누고 싶나요?"
- "친구와 어떤 대화를 나누고 싶나요?"

환자에게 이러한 이벤트를 계획할 것을 시작하도록 독려한다. 환자들이 하고 싶은 일에 대해 생각할 때 머리에서 경고가 들리는 것은 자연스러운 일이라고 환자에게 알려준다. "공황발작이 일어나면 어떡하지?", "긴장하면 어떡하지?", "속이 점점 불편해지면 어떡하지?" 그런 종류의 생각이 떠오를 때 환자는 그것들이 오래된 옛 생각들이고, 더 이상 그것들에 주의를 기울일 필요가 없으며, 이전과 다르게 불안에 반응하는 기술들을 배웠음을 상기하도록 한다. 새로운 일을 할 때 일부 불안감은 당연하지만, 이런 것들을 계속해서 시도해야 한다는 것을 강조한다.

환자가 불안감을 최소화하는 것보다는 재미를 느끼는 데 초점을 둔 활동적인 생활습관으로 돌아오게 하려면 즐거움을 줄 수 있는 다양한 활동을 고려하는 것이 도움이 된다. 표 9.1은 환자가 즐거움을 느낄 수 있는 활동 목록이다. 운동의 기분 증진 효과는 강력하므로 이 목록은 신체 활동으로 시작된다. 모든 수준의 운동이 좋은 시작이지만, 시간이 지남에 따라 운동을 통해 스트레스를 완충하고 긍정적인 기분을 촉진하기 위해서는 일주일에 3일, 하루 30분 동안 운동을 해야 한다. 이 목록들을 검토하고, 환자에게 삶의 질을 향상시킬 것으로 생각되는 몇 가지 활동을 선택하게 하고, 앞으로 한 달 동안 이러한 활동에 대해 환자의 스케줄을 정하게 한다.

이 목록을 고려하여 환자에게 활동이 특히 보람을 줄 수 있도록 변형하는 것도 생각하게 한다. 예를 들어 지역 수영장 대신 지역 연못에서 수영을 하거나, 뒷마당 대신 지역 공원에서 고기를 굽는 활동 등이 더 기억에 남을 수 있다. 마찬가지로 영화관에서 어린 시절 좋아하던 사탕을 사거나, 소설을 읽으면서 핫초콜릿 한 잔을 고르는 등의 정기적인 활동에 추가된 작은 변화들이 과거의 즐거운 추억을 불러내어 경험을 변화시킬 수 있다.

표 9.1 | 활동 목록

1. 즐거움을 위한 매일 산책
2. 조깅(공원, 트랙, 체육관)
3. 롤러브레이드 타기
4. 자전거 타기
5. 수영하기
6. 카누 또는 카약 타기
7. 낚시하러 가기
8. 스키 타기
9. 아이스 스케이트 타기
10. 테니스 치기
11. 축구하기
12. 야구 리그에 참가하기
13. 발리볼하기
14. 친구와 농구하기
15. 라켓볼 칠 날짜 잡기
16. 2명의 친구를 불러서 볼링하러 가기
17. 프리스비 가지고 놀기
18. 아이들과 함께 미니골프 하러 가기
19. 역도 프로그램 시작하기
20. 요가 수업 듣기
21. 실내암벽등반 센터에 가서 수업 듣기
22. 눈싸움하기
23. 떨어지는 눈송이 입으로 받기
24. 조각수업 듣기
25. 그림그리기(유화, 아크릴화, 수채화)
26. 나무 오르기
27. 밤에 드라이브하기
28. 자동차극장 가기
29. 무료급식소에서 자원봉사하기
30. 박물관 금요일 밤 행사에 참여하기
31. 악기 다루기
32. 지역 동물 보호소에서 개를 산책시키는 자원봉사하기
33. 아이들과 놀기
34. 펫숍에 들러서 동물들 보기
35. 그네타기
36. 하이킹하기
37. 아이스크림 사러 나가기
38. 주말농장하기
39. 뒷마당에서 음식 해먹기
40. 커피숍에서 신문 읽기
41. 애인과 키스만을 하는 날 정하기
42. 집에서 키울 꽃 사기
43. 마사지 받기
44. 고등학생 또는 대학생 때 읽었던 책 다시 읽기
45. 이웃을 위해 쿠기 굽기
46. 바자회하기(이웃과 함께)
47. 매일 아침 윗몸일으키기 또는 팔굽혀펴기를 하는 프로그램 시작하기
48. 미술관에 가서 정말로 좋은 작품 하나 찾기
49. 평소에 전혀 알지 못했던 분야에 대한 잡지 사기
50. 탁자나 선반 페인트칠 다시 하기
51. 아침식사하러 식당 가기
52. 적당한 3일 방학 세우기
53. 하트 모양의 돌멩이 수집하기
54. 목공일 하기-탁자나 의자 만들기
55. 무용 수업 듣기
56. 종이접기 배우기
57. 저글링 배우기
58. 콘서트 가기
59. 카드게임 또는 퍼즐게임 모임 만들기
60. 운전해서 전국 돌아다니는 계획 세우기
61. 요리책을 사서 세 가지 새로운 메뉴 만들어 보기
62. 비디오를 빌리고, 팝콘을 만들어서 친구들 초대하기

증상에 대해 신경쓰지 말기

환자에게 다음 몇 주 동안 기억해야 하는 문구는 '자신의 증상에 대해 신경쓰지 말기'임을 말한다(칠판에 적는다). 환자에게 지난 몇 주 동안 시행했던 많은 작업들이 공황증상에 주의를 덜 기울일 수 있도록 고안되었다는 것을 상기시킨다. 자극감응 노출 훈련은 이러한 증상에 직면했을 때 그녀가 방어하고, 통제하거나, 긴장하는 정도를 줄이는 데 도움이 된다. 불안감을 증가시키는 가장 강한 방법은 때때로 그것을 예방하려고 시도하는 것임을 반복적으로 설명한다. 이러한 시도는 부정적인 사건에 계속 집중하게 만든다. 대신 환자는 자극감응 노출 절차를 통해 자신에게 신경을 쓰지 **않도록** 추가적인 연습을 해야 한다. 따라서 이 회기 동안 환자는 감각의 강도를 극대화하기 위해 모든 운동을 활발하게 시행하도록 하는 것이 좋다.

자극감응 노출 절차

과제 검토

증상 유발 기록을 수집한다. 자극감응 노출 과제를 검토할 때, 불안할 때 자극감응 노출의 사용이 줄었는지 물어본다. 낮 동안의 불안이라도 이 훈련을 완료하도록 권장한다. 환자에게 이득을 상기시킨다. 실제로 많은 환자들이 자극감응 노출 절차를 마친 후 불안을 덜 느끼기 때문에 그런 시간이 이 훈련을 연습하기에 가장 좋다고 말한다. 이러한 긍정적 반응은 환자가 두려운 감각을 견딜 수 있음을 입증하며, 하루 중 나머지 시간 동안 이러한 감각에 대해 걱정할 필요가 감소하기 때문에 나타난다. 자극감응 노출 훈련은 또한 대처기술을 연습할 수 있는 기회를 제공한다.

자극감응 노출의 회기 내 시행

회기 중 완료해야 하는 주요 자극감응 노출 절차는 다음과 같다.

(1) 1분 동안 과호흡
(2) 45초 동안 머리 돌리기

(3) 계단 오르기 또는 제자리 뛰기

(4) 필요한 경우 비현실감이나 이인감을 유도하기 위해 거울을 쳐다보거나 손 쳐다보기

환자에게 가장 관련성이 있는 것들에 대한 여러 시험들을 완료한다. 환자와 특별히 관련이 있는 특정한 절차가 없는 경우 머리 돌리기(또는 보다 강한 느낌을 위해 의자에서 회전하기)와 과호흡을 사용한다. 이 절차 외에도 환자 증상에 가장 가까운 대안적인 운동 두 가지를 완료한다. 여기에는 넥타이를 조이거나 침을 삼키지 못하게 하면서 30~60초 동안 목이 조이는 느낌을 느끼게 하는 것, 2분 동안 튜브로 숨 쉬는 것, 1분 동안 의자 위에서 빙글빙글 도는 것 등이 포함될 수 있다.

이전의 자극감응 노출 절차와 마찬가지로 특정한 불안성 사고를 검토한다. 이러한 운동이 유발한 감각의 유형을 검토한다. 환자에게 감각을 유발하기에 충분한 정도로 이러한 운동을 완료하도록 한다. 환자에게 이런 감각들을 조절하려고 하기보다는 이 감각을 이완하도록 시도해볼 것을 상기시킨다. 환자에게 최악의 느낌을 느끼는 동안 서서 걸어다니며, 다른 사람들과 상호 작용하도록 격려한다.

실제 상황 노출 또는 자연적 노출

실제 상황 노출이나 자연적 노출은 환자로 하여금 회피를 줄이고 학습된 기술을 일반화하도록 하는 데 도움이 될 수 있다. 환자가 공황과 같은 감각을 유발하는 활동이나 자연적으로 발생하는 상황에 노출되도록 격려하고, 다음을 근거로 제시한다.

이번 주에는 신체 운동을 통해 감각을 유발하는 동시에 환경을 사용하길 바랍니다. 이전 회기에서 당신은 신체 운동을 사용하여 신체감각을 유발했었지요. 이번 주에는 공황감각을 불러일으켰던 상황과 활동에 자신을 노출시켜보십시오. 이러한 상황에는 지하철, 높은 위치, 운동, 카페인 등이 포함될 수 있습니다. 이러한 노출 연습의 목적 중 하나는 새로 배운 기술들을 보다 자연스럽게 발생하는 불안과 공황에 적용하는 연습을 할 수 있는

기회를 얻는 것입니다. 그 감각이 발생하면 여기에서 연습했던 것처럼 반응해보도록 시도해보세요. 여기에서 했던 것처럼 노출에 다가가야 합니다. 즉, 당신이 경험하게 되는 감각들을 검토하고, 그것들을 큰 문제가 아닌 것으로 취급하며, 자신감을 갖게 할 수 있는 방법을 시작하십시오. 생각에 특히 주의를 기울이고, 가능할 때마다 부적응적 사고에 대응하십시오.

환자가 일주일 동안 목표로 삼고 싶은 활동이나 상황을 확인할 수 있도록 돕는다. 그 활동 또는 상황은 환자가 상당히 정기적으로 피하는 것이며, 중간 정도의 불안을 유발하는 것이어야 한다(목표는 환자가 그 노출을 완료하는 것이다). 다시 말하지만 환자가 가장 두려워하는 활동이나 상황은 선택하지 않도록 한다. 가능하다면 이 훈련은 약 3번 완료해야 한다. 이 노출 절차는 다음 회기 전에 시행되어야 한다.

과제

✎ 과제 연습 기록지에 과제 목록을 작성하고 모니터링하도록 한다.

✎ 1일 자극감응 노출을 할당하고, 최소 2개 운동과 각 운동당 3번의 연속된 실험을 통합하도록 한다.

✎ 환자에게 일주일 동안 실제 상황 노출 또는 자연적 노출을 3번 완료하도록 하고, 불안을 관리하기 위해 인지적 및 신체적 기술을 적용하도록 한다.

✎ 약물 테이퍼 체크리스트를 사용하여 환자의 증상을 평가하도록 한다.

제10장

8회기

개요

- 약물 테이퍼와 관련된 증상 검토
- 실제 상황 노출이나 자연적 노출 검토
- 광장공포증 회피 논의
- 일반화 훈련 시행
- 과제 배부

회기 목표 훑어보기

이 회기에서는 불안 신체감각의 의미를 바꾸고, 두려움에 대한 두려움 사이클을 종결하는 데 계속 초점을 맞춘다. 자극감응 노출과 실제 상황 노출의 통합이 이 회기에서 계속된다. 이 회기와 이후 회기에서 강조하는 것은 환자가 상황들에서 느끼는 두려운 느낌들을 편안하게 할 수 있도록 배우는 것을 돕는 것이다.

8회기의 학습요소는 본질적으로 이전 회기와 동일하다.

- 환자들은 보다 넓은 범위의 감각으로 편안함을 배우고, 만약 금단감각이 있다면 금단감각까지 편안함으로 다룰 수 있다.
- 환자들은 보다 일반적으로 사고 편향에 대해 배우고, 부정적인 사고를 보

다 전반적으로 모니터링하며, 보다 적응적인 대안으로 이를 대체하는 과정을 시작한다.

■ 환자들은 공황장애와 벤조디아제핀 금단감각에 대한 혐오감을 줄이기 위한 전략으로서 자극감응 노출 훈련을 계속하게 된다.

■ 환자는 실제 상황 노출을 사용하여 회피된 상황에 대한 안전 학습을 확장할 수 있는 기회를 갖게 되며, 스스로를 치료하는 초기 훈련을 실시한다.

■ 환자는 위험회피보다는 즐거운 사건에 초점을 맞추도록 연습한다.

약물 테이퍼 관련 증상 검토

환자의 약물 테이퍼 증상 체크리스트를 검토한다. 테이퍼 감각 경험을 평가하고, 환자가 이러한 감각에 어떻게 대처했는지에 대한 논의를 한다. 증상의 오해에 대한 가능성에 주의를 기울이고, 환자에게 대처전략에 대해 설명하도록 한다. 불안한 생각이 두려움에 대한 두려움 사이클에서 갖는 역할을 지적한다. 필요할 경우 4회기와 5회기에서 논의된 인지적 대처전략을 적용하도록 환자를 도와준다.

필요에 따라 '벤조디아제핀'의 인지적 대처전략의 사용을 검토한다. 금단증상이 발생할 때, 이를 대처하는 데 사용할 수 있도록 권장한다.

필요에 따라 금단증상 또는 기타 신체감각에 대한 불안반응과 관련하여 횡격막 호흡, 점진적 근육이완법, 수면장애 중재치료의 적용을 검토한다.

환자에게 (a) 논의 중인 문제에 도움이 될 수 있는 전략들을 확인하고, (b) 지난주 동안 사용했거나 불안 또는 스트레스를 경험하는 친구가 사용했던 성공적인 전략을 확인하거나, (c) 논의하고 있는 문제와 가장 관련된 '두려움에 대한 두려움 사이클'의 일부를 확인하도록 요청한다. (이전 회기에서는 이 사이클의 각 측면에 대한 사용 가능한 개별적 중재를 검토했으므로 환자는 이 접근법을 사용하여 치료 대안을 더 잘 확인할 수 있을 것이다.)

실제 상황 노출 또는 자연적 노출의 검토

회피를 줄이고 일반화하는 기술을 위한 방법으로 환자에게 불안감을 유발하는 자연적으로 발생하는 두려움 상황이나 활동에 노출되도록 요청한다. 이 과제에서 환자의 진행을 검토하기 전에 이론적 근거를 검토한다.

지난주에는 머리 돌리기와 같은 신체 운동을 통해 신체감각을 유발하는 것 외에도 공황감각을 유발할 수 있도록 상황이나 활동에 스스로를 노출시켜 보라고 말씀을 드렸었습니다. 만약 그런 감각이 일어났다면 당신은 여기서 리허설했던 것처럼 그것들에 반응을 했어야 했지요. 또한 저는 당신에게 회기 내에서 자극감응 노출 훈련을 했던 것처럼 이 노출에 접근해보도록 요청했습니다. 당신은 당신이 경험할 수 있는 감각들을 검토하고, 그 감각들이 별일 아닌 것처럼 다루며, 가능한 대처전략들을 검토하고, 노출에 대하여 자신감을 갖게 되었습니다.

환자에게 노출을 수행한 방법을 검토한다. 이 검토 동안의 목표는 환자가 문제 해결 전략을 더 잘 확인하도록 돕는 것이다. 이 목표를 달성하기 위해 어떠한 어려움이라도 칠판에 적은 두려움에 대한 두려움 사이클과 관련시켜서 제시하고(그림 3.4 참조), 환자를 도울 수 있는 적절한 중재에 대해 논의한다. 환자가 처음부터 불안 없이 노출을 완료할 것으로 기대해서는 안 된다는 것을 강조하고, 일부 불안이 나타날 것이며, 또 그것이 자연스럽다고 강조한다. 또한 환자가 불안을 느끼더라도 실제로는 아무 일도 일어나지 않았음을 지적한다(끔찍한 결과가 초래되지 않았음). 실제로 이러한 자각은 이 노출의 기능 중 하나다. 또한 초기 시도 동안 환자가 합리적으로 과정을 시행할 수 있도록 중점을 두고, 향후 수 주 동안 이 과정을 지속하기 위해 이 절차에 대해 이해할 수 있도록 한다. 이 과정은 환자가 자신 스스로를 자신의 치료자로 볼 수 있도록 돕는 것의 시작이며, 다음 중재의 전제가 된다.

광장공포증 회피

광장공포증 회피는 공황발작과 관련된 상황을 피하거나 발작이 발생한다면 탈출이 어려운 상황을 회피하는 것이다. 일반적으로 증상에 대한 두려움은 광장공포증의 핵심임을 설명한다.

최근 회기들에서 환자는 약물을 더 적게 사용하거나 사용하지 않더라도 불안증상을 관리할 수 있게 되었으며, 이러한 증상들이 경보반응을 유발하는 정도가 줄어들었음을 보여주었다. 그런 다음 상황별 노출을 사용하여 이 기술을 더욱 체득하였다. 상황별(실제 상황/자연적) 노출은 환자의 공포증 상황 중 하나에서 증상이 발생하더라도 그 증상들을 관리할 수 있음을 배우는 기회를 제공한다. 이 지식을 완성하기 위해서 환자는 이전 훈련들을 단계별로 계속 구축하여 쌓아 나갈 필요가 있다.

이 단계에서 환자가 상황별 노출에 대해 긍정적인 목적을 수행하도록 돕는 것이 중요하다. 즉, 회피된 상황에서 단순히 불안을 줄이려고 하지 않고, 한 번 회피했던 상황에서 그가 달성하고자 원했던 즐거운 사건을 고려할 수 있도록 도와준다. 예를 들어 불안을 줄이기 위해 30분 동안 쇼핑몰에 가겠다는 목표를 세우는 것보다는 쇼핑몰에서 달성할 수 있는 것(쇼핑하기, 구입하기, 구경하기, 소리 듣기, 쇼핑몰에서 즐거움을 주는 이벤트들)에 대한 환자의 비전을 설정하도록 환자를 돕는다. 모든 경우에 환자는 이러한 노출 동안 증상을 예상하거나 유도하는 계획을 세워야 하며, 목표는 이러한 증상이 있음에도 불구하고 이러한 상황에서 즐거움과 그 목표를 달성하도록 하는 것이다.

이전 회기에서 환자는 즐거운 사건에 초점을 맞추고, 어려움에 대한 '~면 어떡하지?'라는 걱정을 긍정적인 계획으로 대체하도록 요청을 받았다. 이 중재의 환자 적용을 검토한다. 필요에 따라 다음 정보들의 맥락에서 이러한 시도에 대해 논의한다.

두려움의 단계적 와해

환자가 특정적 상황 활동에 어려움이 있을 경우 각 구성 요소 부분에서 자극감응 노출의 완료를 강조하며, 구성 요소들을 나누어 목적을 달성할 수 있도록 돕는다. 목표는 피해야 할 상황과 점점 더 비슷한 상황에서 증상을 견딜 수 있음을 인식할 수 있도록 도와주는 것이다. 예를 들어 환자가 고속도로에서 교통체증으로 공포를 느끼고 있는 경우, 먼저 집에서 증상 유도를 시작하고,

그다음은 거주하는 주차장에 주차된 차 안에서, 그다음은 집에서 약간 떨어진 곳에 주차된 차 안에서, 그리고 그다음은 운전하기 전 차 안에서 등 훈련을 하는 방식이다. 환자는 단계적으로 다양한 상황에서 증상에 익숙해지는 것을 배우고, 증상이 있음에도 불구하고 적절하게 도로를 운전하고 집중하는 법을 배운다.

위험을 예상

불안을 증가시키는 데 있어 위험을 예상하는 것의 역할에 대해 환자와 논의한다. 위험에 대한 예상은 불안의 필수적인 인지적 구성 요소이며, 이에 따라 자연적으로 나타나는 신체반응은 불안감 증가이다.

환자가 그 스스로에게 지나치게 주의를 기울였는지 여부에 대하여 보다 전반적인 초점을 두고 이 논의를 마무리한다. 이 논의는 지난주의 '자신의 증상에 대해 신경쓰지 말기'에 대한 검토이다. 과도하게 주의를 기울이는 것이 어려움을 맞이하는 또 다른 길임을 설명하고, 불안을 **증**가시키는 훌륭한 방법이 증상들로부터 자신을 **보호**하려고 애쓰는 것임을 환자에게 상기시킨다. 이 자기 보호는 사람들을 부정적인 사건에 집중하도록 한다.

일반화 훈련

자연적으로 발생하는 상황들, 그리고 기타 불안 문제들의 문제 해결에서 자극 감응 노출 절차를 완료하는 것은 환자를 점점 더 치료자 역할로 자리 잡도록 한다. 다음 중재는 이러한 과정을 공식화하기 위해 고안되었다.

환자에게 이번 주가 마지막 회기이므로 마지막 변화에 대해 이야기하고 싶다고 말한다. 이 치료 과정 동안 많은 양의 정보가 제시되었으며, 이 정보들은 특히 두려움에 대한 두려움 사이클과 이 사이클의 대안에 중점을 두었다. 원칙은 매우 간단하다.

- 두려움에 대한 두려움 사이클과 그 결과를 이해하는 방법을 배운다.
- 인지적 오해의 불안 유발 효과를 억제하기 위해 노력한다.
- 불안의 신체감각에 보다 관대해져서 이러한 감각들에 대해 두려워하지

않도록 배운다.

- 이 기술을 테이퍼 관련 감각에 적용한다.
- 효과적으로 자신을 코칭하는 능력을 향상시킨다.
- 자기 자신에게 주의를 기울이려고 노력하는 것의 영향에 주의한다.

이 검토에 다음과 같은 접근 방식이 도움이 될 수 있다.

저는 이 치료 단계를 사전훈련이라고 생각합니다. 다음 주 동안 당신은 이러한 중재들을 자연스럽게 익히기 시작할 것입니다. 회복은 공식적인 치료를 중단한 뒤에도 오래 걸리는 과정으로 볼 수 있습니다. 심리치료에 대한 일반적인 정보를 알려드리려고 합니다. 많은 심리치료 책(행동요법으로 특정하지 않음)에는 환자가 겪는 변화와 치료를 성공적으로 중단하게 되는 그들의 결정에 대한 내용이 적혀 있습니다. 그들이 치료를 중단하기로 결정한 이유를 물었을 때 환자들의 가장 흔한 반응은 "음, 치료자가 내게 말했던 것을 이제 내 스스로에게 할 수 있어요."였습니다. 이 반응은 환자가 자신을 치료하는 치료법을 배웠음을 시사합니다. 그들이 치료를 중단했다는 것이 아니고, 또 그들이 배운 것을 더 이상 적용하지 않는다는 것이 아닙니다. 대신에 그들은 스스로에게 치료 '방법'을 적용하는 것을 배웠습니다. 그런 식으로 그들은 치료를 중단하지 않았고, 스스로에게 치료를 적용하게 되었습니다. 이 프로그램의 목표도 이와 같습니다. 당신은 많은 정보를 배웠고, 마지막 몇 회기 동안 여러 번 학습을 거쳤습니다. 당신은 아마 내가 무슨 말을 하려고 하는지 알 것입니다. 실제로 마지막 3번의 회기 동안 당신은 자극감응 노출 훈련을 통해 자신을 인도하는 치료자로서의 역할을 해왔습니다.

환자에게 다음 몇 주 안에 이러한 과정을 정규적으로 하려 한다고 말한다. 2주, 3주, 4주 간격으로 3회의 추가 회기가 예정되어 있다. 그럼에도 불구하고 이 기간에 환자는 매일 치료에서 배운 기술들을 스스로 계속 적용하게 된다. 환자의 진전이 계속될 수 있도록 공식적인 주간 회기를 지속할 것을 환자에게 권장한다. 이 회기들에서 환자는 치료에서 시행되었던 것들을 정확하게 시행할 것이다 : 진행상황 검토하기, 어려움 확인하기, 개별적 중재 훈련하기, 다음 주에 수행해야 할 작업에 대한 계획 수립하기. 유일한 차이점이 있다면 환자가 이러한 일들을 집에서 혼자 하게 된다는 것이다. 다음 주에 환자에게 그가 받아왔던 치료 시간처럼 동일한 시간에 회기를 열도록 요청한다. 공황장애 및 불안에 대한 행동치료자로서 환자가 스스로의 능력을 완벽하게 하도록 돕는 데 관심을 기울인다.

이에 대한 논의 후에 다음 네 가지 추가사항이 강조되어야 한다.

1. 공황장애와 일상적인 불안 간의 차이에 대해 환자에게 상기시킨다. 치료의 목적은 모든 불안을 막는 것이 아니라는 점을 강조한다. 모든 사람은 때때로 불안을 느낀다. 불안은 모든 사람이 경험하는 스트레스 많은 상황에 대한 자연스러운 반응이다(예 : 관계에서 발생하는 작은 논쟁 중이나, 직장에서 어려운 상호 작용에 대한 생각 중에 발생하는 불안). 공황장애의 어려움 중 하나는 불안에 대한 두려움, 심지어 정상적인 불안에 대한 두려움에 대해 가르치는 것이다. 치료 목표는 부분적으로 환자가 정상적인 불안감으로서 다시 편안해지도록 돕는 것이다.

2. 과정은 단계별로 시행되어야 하며, 환자는 합리적인 속도로 자유롭게 진행할 수 있어야 한다. 또한 과정이 항상 순조롭게 일어나는 것은 아니고, 일반적으로는 많은 기복이 수반된다. 하지만 시간이 지남에 따라 나빠지는 것은 짧아지고, 좋아지는 것은 더 길어질 것으로 예상된다.

3. 지금까지 사용된 중재들을 검토하고, 환자가 다음 주에 적용할 기술들을 검토하고 결정하도록 격려한다.

4. 정기적인 행동치료는 이제 끝이 나지만 테이퍼 증상을 검토하고, 필요에 따라 테이퍼 과정을 지속하기 위해(예 : 환자의 초기 복용량에 따른 테이퍼 계획) 약을 처방하는 의사나 기타 정신건강 전문가에게 방문을 지속하도록 환자에게 상기시킨다.

과제

 1일 자극감응 노출을 (과제로) 부여하고, 필요시 최소 두 가지 운동을 시도하도록 한다.

✎ 회피된 상황과 활동에 대한 노출과 자연적 노출을 환자가 지속하도록 한다. 환자가 훈련에 적합한 것을 확인할 수 있도록 돕는다.

✎ 환자가 추가 회기에 참여하지 않는 동안 자가치료 회기를 계속할 수 있도록 과제로 낸다.

✎ 약물 테이퍼 증상 체크리스트를 사용하여 환자의 증상을 평가하도록 한다.

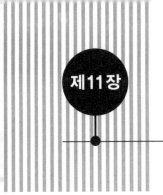

제11장

9~11회기

개요

- 약물 테이퍼와 관련된 증상 검토
- 치료 과정 검토
- 특정 주제의 검토 : 재앙화 사고와 가능성 과대평가, 실제 상황 노출이나 자연적 노출 검토 대 자극감응 노출, 신체적 대처기술
- 일반화 훈련 지속
- 과제 배부

회기 목표 훑어보기

벤조디아제핀 테이퍼 프로그램의 이 시점에서 환자는 공황장애 모델, 그리고 불안의 신체적 감각 발생과 증가를 제어하는 데 필요한 기술을 제공받아 왔다. 환자는 약물중단 과정을 잘 따르고 있거나 중단을 완료했을 것이다. 이 치료 단계의 목적은 (a) 환자가 중단으로 인한 어려움에 치료기술들을 지속적으로 적용하도록 하고, (b) 장기적으로 공황으로부터 자유로운 상태를 유지하는 데 성공하도록 기술을 확장하는 것이다.

환자가 이 치료 단계에서 사용하기 위한 전략은 (a) 보다 자연스러운 방식으로 자극감응 노출 절차를 적용하는 것(예 : 계단 오르기, 카페인 음료 마시기,

또는 한 번 공포를 경험했던 상황에 노출되기 등 일상생활을 통해 불안과 관련된 신체감각을 유도함), (b) 두려움에 대한 두려움 사이클과 관련된 행동 패턴을 확인하고, 이 과정 초기 단계에 대한 대안적 반응을 적용하기이다. 이러한 행동 패턴에는 다음이 포함된다.

- 횡격막 호흡 또는 근육이완기술을 사용하여 경험하는 신체감각의 정도를 낮추기보다는 끔찍한 결과를 예방하는 것. 끔찍한 결과를 막기 위한 시도는 신체감각이 재앙적 사건을 일으킨다는 가정하에 이루어진다.

- 불안을 유발하는 작업을 시도하는 동안 미묘한 회피를 사용하는 것. 이 패턴에는 두려워하는 작업 동안 주의분산 기술의 사용 또는 서두르는 경향이 포함될 수 있다. 원래 보드에 그려진 두려움에 대한 두려움 사이클의 관점에서 이 반응은 '서둘러/긴장해/조절해' 반응으로의 회귀이다. 대안적 반응은 수동적으로 그것들이 무엇인지에 대한 신체감각을 신경쓰지 않고, 그것들에 대해 아무것도 하지 않는 것이다.

- 신체감각이나 불안을 유발하는 상황을 적극적으로 회피하는 것. 환자는 매우 높은 수준의 신체적 자기 지각을 보고할 수 있으며, 실제 상황 노출의 대상으로 확인된 활동들을 피하거나, 운동와 같이 신체감각을 유발할 수 있는 활동들을 피할 수 있다. 이러한 경향은 두려움에 대한 두려움 사이클로의 회귀를 나타내며, 자극감응 노출과 인지재구성과 같은 특정 PCT 전략들을 다시 시도할 필요가 있음을 보여준다.

- 증상에 대한 증가된 '공포에 가득 찬 믿음'이나 대처능력에 대해 비관적으로 가정하는 것. 이 패턴에서 환자는 이전 치료 단계에서 자신이 '운이 좋았을 뿐이다'라고 가정할 수 있으며, 따라서 공황발작 패턴으로 되돌아가는 것을 막기 위한 주의가 필요하다. 이 패턴에서 환자는 공황장애가 '기다리고 있다'라고 가정할 수도 있다. 이러한 가정들에 대한 필연적인 결론으로 두려움에 대한 두려움 사이클에 대한 실제적인 기술이나 대안적인 반응을 배우지 못했다고 생각하거나, 이러한 종류들의 반응이 장기적으로 공황 또는 불안 패턴에서 변화를 유발하지 못한다고 생각하는 것이다. 관련 중재들은 두려움에 대한 두려움 사이클에 대한 비관적이고 재앙적인

사고의 일부로서 이러한 가정들을 확인하고 이러한 사고들에 대한 인지적 중재를 적용하는 것이다.

장기간 고용량의 벤조디아제핀을 복용한 일부 환자들은 금단증상이 더 길어질 수 있으므로 모든 추가 회기에서는 간단하게라도 약물 테이퍼 증상에 대한 간단한 검토가 필요할 수 있다.

이 두려움에 대한 두려움 사이클은 9~11회기에서 논의되므로 각 회기 전에 칠판에 이 사이클을 그려야한다(그림 3.4 참조).

약물 테이퍼 증상 검토

환자의 약물 테이퍼 증상 체크리스트를 검토한다. 환자가 테이퍼 일정을 계속 진행 중인지 또는 완료했는지에 관계없이 환자가 불안 또는 공황을 성공적으로 관리하는 기술을 훈련하도록 계속 권장한다. 특정 테이퍼 시도가 어렵다고 해서 그것이 다음 테이퍼 시도(다음 주, 다음 달, 혹은 내년)가 어려울 것임을 의미하는 것은 아니다. 회기에서 이러한 점이 논의되어야 하며, 기술들을 훈련하고 환자와 모니터링 의사가 적절하다고 판단하는 즉시 테이퍼 과정을 지속할 수 있도록 적절한 격려를 해주어야 한다.

약물 테이퍼 증상에 대한 환자의 경험에 대한 논의는 증상에 대한 현재 해석, 재앙적 또는 비관적 패턴의 확인, 두려움에 대한 두려움 사이클에 대한 이러한 사고들의 검토가 포함되어야 한다. 이전 회기에서 설명된 바와 같이 해당 인지적 대처전략을 검토해야 한다. 각 부스터 회기에는 다음 두 가지 이유로 '벤조디아제핀 독감' 인지적 대처 스타일에 대한 간단한 검토가 포함되어야 한다. 일부 환자의 경우 그들은 여전히 금단증상을 경험하고 있기 때문에 이 중재가 직접적으로 관련이 있다. 다른 환자의 경우 이러한 논의는 성공적으로 사용된 대처전략을 검토할 수 있게 해주고, 필요시 나중에 적용하기 위한 기술을 통합할 수 있게 한다. 아마도 스트레스, 신체질환, 또는 기타 사건의 일부로 증상들이 나타날 수 있으며, 이러한 환자들의 목표는 유사한 신체증상을 해석하고 대처하기 위한 효과적인 전략을 사용하는 것이다(적어도 약물 테이퍼에 의한 신체증상들에 대해서만이라도).

테이퍼 어려움에 대한 논의에는 금단증상이나 기타 신체감각에 대한 불안 반응과 관련하여 횡격막 호흡, 점진적 근육이완법, 수면 어려움 중재에 대한 검토도 포함되어야 한다. 이러한 논의 동안 환자들로부터 적절한 치료 중재를 이끌어내고, 그것들의 적용을 검토하는 데 중점을 두어야 한다.

치료 과정 검토

이 추가 회기 단계에서 환자는 매주 가정 회기에서 진행상황을 검토하는 특정 과제를 포함하여 자신의 치료에 더 큰 책임을 맡게 된다. 이 아이디어는 8회기에 소개되었으며, 환자들에게 진행상황을 검토하고, 어려움을 확인하며, 개별직 중재를 훈련하고, 다음 주에 달성해야 할 사항에 대한 계획을 수립하는 공식적인 매주 가정 회기를 완료하도록 요청한다. 그다음 회기에서는 환자-치료자의 감독자 역할을 맡는다. 과정에 대한 검토에는 이 모델에 대한 논의가 포함되어야 한다. 환자에게 그들 스스로의 치료방법에 대해 질문한다. 환자는 직면한 어려움과 이를 극복하기 위해 사용된 전략에 대해 간략히 답해야 한다. 환자가 그들 스스로와 남아 있는 증상들에 대하여 유용한 치료 태도를 취하는 것을 돕기 위해 3인칭 관점에서 치료의 성공과 어려움을 보고하도록 한다. 즉, 환자는 3인칭 관점에서 어떤 환자의 치료 과정 동안 잘 진행된 것, 잘 진행되지 않은 것, 그에게 발생한 특정 문제, 그 문제들의 원인, 그리고 나아가 이러한 문제를 제거하기 위해 그에게 도움이 될 만한 것을 이야기하게 된다. 환자가 이 전략들을 적용하는 데 어려움을 이야기할 때는 끔찍한 결과를 예방하려는 것처럼 증상을 조절하려는 시도에 특히 주의한다. 이 반응에 대한 경향은 두려움에 대한 두려움 사이클과 관련하여 확인되고 논의되어야 한다. 특정 어려움을 확인하는 것에 더하여 환자가 그들 스스로의 치료자가 되는 시도를 하도록 격려하고 지원해야 한다. 특히 다음 예시와 같이 환자의 성공적인 문제 해결시도를 장려한다.

- 훌륭하네요. 당신은 '서둘러/긴장해/조절해' 반응을 확인하고, 당신이 필요할 때 이완기술을 적용할 수 있게 되었어요. 멋집니다.

- 당신은 당신이 더 재앙적으로 생각하고 있음을 알아챌 수 있는 것으로 보이는군요. 당신은 당신 생각 속의 왜곡을 확인했고, 그 사건 속에서 스스로에게 효과적으로 코칭을 했지요. 훌륭합니다.

- 당신은 일부 상당히 강한 금단증상을 겪고 있지만, 그것을 일종의 독감으로 보고 견딜 수 있는 것처럼 보이는군요. 증상을 견뎌내는 당신의 능력은 분명하게 향상되었고, 스트레스와 같은 다른 사건으로 인해 증상이 나타날 때 매우 귀중하게 사용될 것입니다. 이런 증상들이 나타날 때 지난주에 사용했던 것과 같이 동일한 기술을 적용한다면 스트레스나 불안을 겪을 때 훨씬 더 편안하게 시간을 보낼 수 있을 겁니다. 훌륭합니다.

- 당신은 공황발작을 겪었지만 즉시 새로운 기술을 적용하여 그 공황삽화가 몇 분도 지속되지 않았군요. 또한 얼마 지나지 않아 당신은 훨씬 더 편해졌고, 하루 종일 문제가 없었습니다. 그것은 분명한 개선으로 보이네요.

- 긴장된 느낌이 들더라도 조깅을 계속해 나갔다는 당신의 방식은 훌륭하네요. 또한 조깅을 하는 동안 신체감각이 느껴졌지만, 감각들을 적절하게 해석할 수 있었다는 것이 매우 중요하다고 생각합니다. 그것은 중요한 기술입니다. 계속해서 연습해주셨으면 좋겠습니다.

- 지하철을 타면서 역과 역 사이에 얼마나 걸릴지, 또는 어떤 신체감각이 느껴지는지에 집중하기보다는 당신의 목적지가 어디인지, 그리고 그곳에서 어떤 즐거움을 느낄지에 대해 생각했다는 것은 당신에게 처음 듣는 이야기네요. 당신은 분명히 어떤 신체감각도 무시하려고 시도하지 않았는데, 그것은 잘한 일입니다. 당신은 단지 당신의 몸이 느끼고 싶어 하는 대로 내버려두었고, 당신이 하루 동안 성취하고 싶은 것에 대해 생각을 계속했지요. 훌륭합니다.

특정 주제 검토

약물 테이퍼 증상과 치료 진행하는 것에 더하여(특히 환자가 자가치료자로서의 역할을 하면서 셀프 가이던스를 사용하는 것에 주의를 기울임), 각 추가 회기에는 다음의 특정 주제에 대한 논의가 포함되어야 한다.

재앙화 사고와 가능성 과대평가

추가 회기 동안 발생할 수 있는 인지적 오류에 대한 검토를 계속 제공한다. 이 단계에서 일부 환자에서는 공황발작이 재발할 것에 대한 우려가 커질 수 있다. 이러한 비관적 기대와 특정 재앙적 사고들, 예컨대 "다시 그것들을 겪게 되겠지.", "나는 이걸 스스로 할 수 없어.", "내가 약물을 끊는다면 무슨 일인가가 벌어질 거야.", "내가 약물을 끊는다면 나는 조심해야 할 거야.", "나는 많은 일을 하면 안 될지도 몰라. 약물을 사용하지 않아서 더 심한 발작이 오면 어떡하지? 그러면 나는 다시 처음으로 돌아가게 되고 말 거야." 등의 예상과 사고를 직접적으로 다룬다(예 : 칠판에 두려움에 대한 두려움 사이클 그림 그리기). 환자가 재앙적 사고에 감정적으로 신경쓰지 않도록 돕기 위해 인지적 대응절차와 같은 특정 중재를 검토해야 한다. 특히 환자들에게 이러한 생각들이 사실이 아니라 가설로 여길 수 있도록 하고, 불안할 때 이러한 생각들이 부정적으로 편향될 수 있음을 기억하도록 상기시킨다. 환자들에게 이 반응은 불안 현상의 일부라는 것을 상기시킨다. 불안은 잠재적 위험에 대해 더욱 주의를 기울이게 만드는 영향이 있다. 따라서 불안할 때 개인은 사건의 위험성을 과도하게 해석할 가능성이 크다.

매 회기 동안 그들 스스로에게 어떻게 코칭했는지 환자들에게 평가하도록 상기시킨다. 지금까지 코칭은 공황감각, 전반적인 불안감각, 공황삽화에 대한 반응, 일상 사건의 해석, 그리고 보다 일반적으로 위험회피보다는 욕구사건에 중점을 두는 데 직접적으로 적용되어 왔다. 환자가 셀프 코칭 행동을 계속 평가하고 추가적인 진행을 설명할 수 있도록 권장한다.

실제 상황과 자연적 노출 대 자극감응 노출

7~8회기에서 환자들은 자극감응 노출 과정 중 일부를 공포증 상황에 대한 노출로 대체할 것을 권장받았다. 환자들은 이전에 불안이나 공황감각을 유발한 상황(예 : 지하철, 높은 곳, 폐쇄된 공간)에 스스로를 노출시켜야 했다. 만약 공황과 같은 감각이 발생할 경우 환자는 회기 동안 연습했던 대로, 그리고 집에서 자극감응 노출 과정 동안 그랬던 대로 이 감각들에 반응해야 했다. 각 부스터 회기 동안 이 과제를 검토한다. 이 검토의 목표는 환자가 문제 해결 전략

을 더 잘 확인할 수 있도록 돕는 것이다. 이를 위해 경험했던 모든 어려움들을 칠판에 적은 두려움에 대한 두려움 사이클과 연관시키고 적절한 중재에 대해 논의한다. 언제나처럼 환자들에게 한 번 만에 노출이 완료될 것이라는 기대를 갖지 말도록 하고, 약간의 불안이 발생할 수 있으며 자연스러운 것이라고 강조한다. 논의는 또한 초기 및 후속 시도 동안 환자가 이루어낸 합리적인 진행에 초점을 맞추어야 한다.

9~11회기 동안 환자는 자연적 노출 개념에 더 노출하게 된다. 자연적 노출은 자극감응 노출 과정을 일상생활로 확장시키는 것을 의미한다. 공식적인 자극감응 노출 과정 중 하나를 완료하기 위해 특정 시간을 따로 떼어놓는 대신 환자는 정기적인 일상 사건의 일부로 감각을 유발하도록 권장된다. 이러한 일상 사건에는 다음과 같은 예시를 들 수 있다.

계단 오르기

계단을 올라가기 전에 환자는 어떤 감각이 발생할 것 같은지, 그리고 과거에 이러한 감각들을 어떻게 재앙적으로 해석해 왔는지 검토해야 한다. 환자가 이러한 감각들을 편안하게 경험할 수 있도록 격려한다. 이후 환자는 계단을 올라가며 경험한 감각들을 기록해야 하고, 이러한 일들은 일상생활을 지속하면서 이루어져야 한다.

운동

운동은 많은 신체감각을 유도하는 훌륭한 방법이다.

환자에게 회피하고 있던 신체 운동을 다시 해볼 것을 격려한다. 새로운 운동을 시작하는 환자에게는 천천히 그리고 합리적으로 시작하도록 권장한다. 유산소 운동의 반응 중 일부로 발생할 수 있는 빠른 심박, 발한, 그리고 아마도 두중감뿐 아니라 환자는 윗몸일으키기나 백 익스텐션(back extension)으로 인한 현기증을 경험할 수도 있다. 특정 운동기구는 윗몸일으키기나 백 익스텐션 운동 동안 더 머리를 많이 움직이게 하는 의자로 구성되어 있기도 하므로 규칙적인 운동 활동의 일환으로 감각을 유발할 수 있는 잠재적인 수단으로 논의되어야 한다.

치료자 노트

■ 때때로 환자들은 호흡 속도를 과도하게 조절하면서 신체 운동을 하려고 시도할 수도 있음을 주의해야 합니다. 환자가 달리기와 같은 운동 중에 어려움을 보고하는 경우 그들이 호흡을 횡격막 호흡으로만 제한하거나 코로만 쉬는 호흡으로 제한하고 있지는 않은지, 특히 그들의 신체 활동 활력을 감안하여 합리적이지 않은 호흡을 하고 있지는 않은지 평가해야 합니다. ■

카페인 섭취

환자는 카페인을 사용하여 감각을 유발할 수도 있다. 만성적으로 높은 수준의 카페인 섭취를 장려하지 않는 것은 중요하지만(전반적인 건강을 위해), 금기 사항이 없다면 환자는 제한된 카페인 섭취를 노출 훈련으로 사용하도록 권장할 수 있다. 카페인 섭취 후 수 시간 후에 그들은 각성 감각을 느낄 수도 있다고 환자에게 주의를 준다. 이러한 감각에는 발한, 근육긴장, 약간 빠르게 지나가는 생각들, 또는 가벼운 심계항진이 포함될 수 있다.

집안일

진공청소기로 청소를 하거나 바닥에서 옷이나 다른 물건들을 집어 올리는 일상적인 집안일을 마친 환자들은 신체 움직임을 사용하여 신체감각을 만들 수도 있다. 즉, 환자는 옷을 집어 올릴 때마다 빠르게 몸을 구부렸다가 바로 펴는 동작을 하거나, 진공청소기로 청소하는 동안 움직임을 과장되게 하여 춤추는 것처럼 동작을 할 수도 있다. 이러한 움직임들은 머리 돌리기 절차와 움직임이 일부 비슷하다.

어려운 상황

어려운 상황(예 : 높은 곳, 혈액 채취, 교통체증, 타인과의 충돌)에 노출될 경우 그것을 노출 훈련으로 간주해야 하며, 이 시점에서 유발된 신체감각에 주목하면서 적절한 대처기술을 연습할 수 있는 기회로 삼을 수 있다.

각 추가 회기 동안 이러한 자연적 노출 훈련을 지정하고 검토한다. 다시 말하지만 목표는 환자가 발생할 수 있는 어떠한 신체감각에도 익숙해지는 것이다. 이 수준의 편안함에 도달하기 위해서는 많은 연습이 필요하며, 자연적 노출 훈련은 환자가 일상생활에서 규칙적인 훈련을 통합하는 데 도움이 된다. 이 모든 절차에서 공포 상황에 대한 완전 노출의 중요성을 설명한다. 이 훈련들이 도움이 되려면 이러한 감각에 노출되는 것을 피하거나 주의를 분산시키지 않아야 한다.

신체적 대처기술

느린 호흡과 횡격막 호흡의 절차, 그리고 그 근거를 검토한다. 그 근거에는 끔찍한 결과를 예방하는 것과 생리적 감각을 완화시키는 것 간의 차이를 줄이는 것이 포함되어야 한다. 이 추가 회기 동안 환자의 호흡 상태를 정기적으로 기록한다. 환자가 횡격막 호흡이 아닌 흉식 호흡을 사용하는 경우를 스스로 기록하고, 편안하고, 느린, 횡격막 호흡으로 바꿀 수 있도록 격려한다.

각 추가 회기 동안 RC 절차의 사용을 검토한다. 환자들이 이 절차에 능숙해지기 위해서는 9회기와 10회기 동안 적어도 1주일에 한 번, 그리고 이후로는 2주일에 한 번 완전한 이완 절차를 완료해야 한다. 환자가 특정 상황을 떠날 때마다(예 : 퇴근) RC 절차를 사용하도록 권장한다. 이 전략은 환자가 신호를 정기적으로 사용하는 것을 기억하고, 이 절차를 통하여 '직장에 대한 신경 끄기'를 돕기 위해 고안되었다. 환자에게 전화를 끊거나 차 문을 닫을 때 RC 절차를 사용하도록 상기시킬 수도 있다. 다시 말하지만 이는 환자가 RC 절차를 정기적으로 적용하고, 근육의 긴장을 유지하는 방식을 계속 알아차릴 수 있도록 돕는다.

자극감응 노출 절차의 검토는 회기마다 완료되어야 한다. 환자의 자극감응 노출 절차 사용을 검토하고, 추가적인 노출 절차를 수행한다. 환자는 회기당 최소 2번 이상의 노출 훈련을 완료해야 한다. 집단치료의 경우 환자가 이 절차 동안 짝을 지어 서로 이끌어주도록 유도한다. 환자는 지난주 동안 가장 어려웠던 절차를 선택해야 한다. 치료자 역할은 사용되었던 절차들을 관찰하고, 필요에 따라 올바른 피드백을 제공하는 것이다.

일반화 훈련

여러 측면에서 9~11회기의 목적은 일반화 훈련이라고 할 수 있다. 하지만 각 회기에서 치료자는 8회기에 제시된 일반화 재료에 특별한 주의를 기울여야 한다. 환자가 치료 동안 기술을 습득했다는 개념에 특히 중점을 두어야 하며, 다른 기술과 마찬가지로 환자도 이러한 절차를 정기적으로 연습해야 한다. '괜히 끼어들지 말자' 전략에 대해 환자에게 주의시키고, 이것이 회피의 한 형태임을 상기시킨다. 환자는 매주 검토 회기를 수행하고, 자신의 치료를 지도해야 한다. 환자는 불안하거나 스트레스를 받거나 패닉에 빠질 수 있음을 기억해야 한다. 환자는 이러한 사건을 재발했다거나 그들의 기술이 작동하지 않는다고 해석하지 않도록 주의해야 한다. 대신 이러한 사건들은 스트레스의 자연스러운 결과이며, 그들이 배운 기술을 연습할 수 있는 기회로 보아야 한다.

9회기

9회기 훑어보기

9회기는 주 단위로 실시되지 않는 첫 회기이므로 환자가 2주 간격으로 규칙적으로 실습을 지속할 수 있도록 주의를 기울여야 한다. 여기에는 불안과 공황 어려움에 대한 개별적인 검토, 실행에 필요한 PCT 전략의 확인이 포함된다. 이 회기는 개인의 실습을 강화하기 위한 첫 번째 시도이며, 추가 시간을 두어 규칙적인 연습의 중요성, 증상의 정기적 검토, 오래된 패턴의 억제에 대해 논의해야 한다. 이 논의에서 치료자는 환자의 자기치료에 대한 감독자 역할을 맡는다. 치료자는 자기 모니터링과 적절한 PCT 자기관리 전략의 사용을 구체적으로 이끌어내고 장려해야 한다.

9회기는 환자가 약물 테이퍼를 아직 완료 중이거나 테이퍼를 완료한 상황에도 시행된다. 결과적으로 이들 환자에 대한 테이퍼 감각의 검토에 더 많은 주의가 주어진다. 일부 환자는 또한 약물을 시작하지 않은 초기 단계일 수도 있으므로 존재하는 모든 불안 감각에 대하여 더 불안을 야기하는 오해를 갖지 않도록 주의를 기울이고 도와야 한다. 특히 감각에 지나치게 주의를 기울이고,

개별적 불안 또는 공황삽화의 의미를 잘못 해석하는 경향에 대해 논의한다.

이 회기는 일반화 훈련 재료에 대한 구체적인 논의와 모든 기술에 대한 지속적인 실천 과제로 마무리되어야 한다.

과제 : 9회기

✎ 적어도 하나 이상의 공식적 자극감응 노출, 신체 운동, 운동에 대한 자연적 노출의 규칙적 훈련을 매일 연습하도록 한다.

✎ 환자가 특정 상황에서 어려움을 겪는 경우 공포 상황에 대한 노출을 과제로 낸다.

✎ 환자의 욕구 사건을 증가시키도록 한다. 이 과제에는 사교행사 참여, 당일치기 여행, 박물관이나 극장처럼 나가는 것이 제한된 장소 방문하기 등 한동안 하지 않았던 일을 하도록 장려하기 때문에 자연적 노출의 측면이 포함될 수 있다.

✎ RC 절차의 지속적인 연습을 과제로 낸다. 또한 RC 절차 사용에 대한 상기를 위해 환경적 신호(예 : 전화를 끊거나, 차에 타거나, 문을 닫는 등)를 사용하도록 상기시킨다.

✎ 환자와 규칙적인 자기 모니터링의 중요성에 대해 논의하고, 추가적인 자기 모니터링을 과제로 낸다.

✎ 다음 후속 회기 날짜를 논의하고, 다시 규칙적인 연습을 강조한다. 환자에게 당신은 치료 감독자로 역할을 할 것이며, 환자 스스로가 이 기간에 스스로의 치료를 지도할 책임이 있음을 상기시킨다.

10회기

10회기 훑어보기

이 회기를 통해 환자는 약물을 중단하게 되며(매우 고용량으로 시작했거나 중단할 수 없는 경우는 제외), 목표는 환자가 약물을 중단한 상태를 유지할 수 있도록 돕는 것이다. 두려움에 대한 두려움 사이클로 돌아가는 것을 확인하고, 이 사이클의 측면을 환자가 확인할 수 있도록 돕는 데 특히 주의를 기울인다. 환자가 스스로 조심하고 증상 유발 절차를 피하고자 하는 경향이 있지는 않은지 특별한 주의를 기울인다. 이 회기에는 정기적인 훈련의 중요성에 대한 구체적인 검토와 함께 환자가 스스로의 치료를 지도하는 데 대한 격려가 포함되어야 한다. 회기 내용의 대부분은 환자의 증상 검토, 그리고 증상 관리에 사용된 문제 해결 전략이 포함된다. 불안증상의 강도를 낮추기 위해 시도하는 것보다는 불안 자체를 제거하려는 환자에서 발생할 수 있는 문제에 대해 논의한다.

과제 : 10회기

✎ 적어도 하나 이상의 공식적 자극감응 노출, 신체 운동, 운동에 대한 자연적 노출의 규칙적 훈련을 매일 연습하도록 한다.

✎ 환사가 특정 상황에서 어려움을 겪는 경우 공포 상황에 대한 노출을 과제로 낸다.

✎ 모든 대처전략을 환자가 사용할 것을 강조한다. 전체적으로 가장 주의를 두어야 하는 부분은 환자가 스스로를 치료자로 두고, 다음 4주 이상 동안 매우 적극적인 프로그램을 계속하도록 하는 것이다.

11회기

이 마지막 회기의 목표 중 하나는 환자의 미래 모델 개발이다. 환자에게 그들이 프로그램 과정 동안 어떻게 변했는지 검토하도록 요청한다. 특히 그들이 달성한 주요 변화에 대해 이끌어낸다. 이것은 '두려움에 대한 두려움 사이클'의 특정 측면에만 구체적으로 다루어질 수도 있다. 일부 환자는 자극감응 노출 절차 후 가장 큰 변화를 겪었을 수도 있고, 어떤 환자는 신체감각에 대한 다른 인지적 반응에 가장 큰 변화를 경험했을 수도 있다(인지적 중재와 자극감응 절차 모두의 결과로서). 약물 테이퍼에 대한 환자의 성공은 향후 증상 관리 모델로 다루어져야 한다. 회기 중 관찰된 모든 성공적인 변화들을 확인하고, 가능한 경우 각 환자에 대해 구체적인 예시를 제공한다. 이 기술의 습득은 미래를 위한 모델이며, 환자 스스로가 행동요법을 계속 지도해 나가야 함을 강조한다.

또한 다음 정보를 제시한다 : 환자가 이번 치료 요소를 제공하는 집단 또는 개인치료에 속해 있을 때 치료자는 회기를 시행하는 수 주일에 걸쳐 단계적으로 개선되는 것을 보게 된다. 회기의 횟수가 줄어들거나 치료가 끝나게 되면 환자는 때때로 발생할 수 있는 증상의 변화를 부정적으로 해석하는 경향이 있다. 환자들은 "맙소사, 치료들이 효과가 없었구나!" 또는 "내가 실수했구나, 증상들이 다시 생길 거야." 등의 부정적인 생각을 할 수 있다. 환자에게 이러한 침체기가 매우 당연하다는 것을 알린다. 치료에 대한 지원이 없어지거나 일시적인 스트레스의 증가로 인해 누군가가 약간의 침체기를 겪는다는 것은 매우 그럴듯한 일이다. 이 단계에서 환자가 기억해야 할 중요한 것은 이 침체기가 치료 중재가 효과가 없다는 신호가 아니라는 점이다. 대신 그것은 지금 대처기술을 적용할 때가 되었다는 신호일 뿐이다. 환자가 그것을 대처기술을 적용하기 위한 신호로 본다면, 그것은 두렵더라도 악화되지 않는다. 대신 그들은 기복이 있는 패턴을 계속 유지할 것이며, 모든 침체기는 대처기술을 계속 적용하기 위한 또 다른 신호일 뿐이다. 환자에게 다음 수 주일 동안 이것을 기억하도록 요청한다.

치료 종료 후 기대사항을 검토한다. 훈련의 중요성을 다시 한 번 강조하고, 각 환자에게 어떤 것이 효과적이었는지 짧게 공유하면서 회기를 종료한다. 환자에게 치료가 끝난다고 해서 숙제가 종료되는 것이 아니라는 점을 상기시킨다. 대신 자기치료는 환자의 규칙적인 일부가 되고 본질적으로 과제를 완료하는 것이 삶의 일부가 된다.

치료 종결

환자가 자신의 치료를 관리하도록 전환하는 것을 돕기 위해 이 가이드는 중재 치료 리스트를 제공한다. 이 양식은 공황장애의 일부 기본 증상 패턴 및 이러한 패턴에 관련된 중재의 일부를 상기시키기 위해 고안되었다.

환자가 관리하기 어려운 불안으로 어려움을 겪는다면 전화해서 알리도록 한다. 불안의 어려움이 꼭 약물치료의 필요성을 나타내는 것은 아님을 강조한다. 환자는 그들의 기술을 간략히 조정하기 위해 추가 회기가 필요할 수도 있다.

이완으로 유발된 불안에 대처하기

이완으로 유발된 불안을 예방하기 위해 환자가 느낄 수 있는 감각에 대해 준비하도록 하고 이러한 감각이 발생하면 성공적인 이완으로 나타나는 추가적인 징후라고 설명한다. 이 준비는 불안을 유발하는 오해와 이러한 감각에 대한 반응을 방지하는 데 도움이 된다(예 : "내가 이렇게 몸이 나른해지는 것은 이상해, 무언가 잘못됐어!", "이상한데? 내 몸이 내 몸이 아닌 것 같아."). 일반적으로 이렇게 간단한 소개를 통한 중재는 점진적 근육이완 절차의 성공적인 사용과 관련된 감각에 대한 심각한 불안반응을 방지하는 데 충분하다. 그러나 이러한 준비에도 불구하고 근육이완이 불안을 유발하는 경우 치료자는 다음과 같은 중재를 사용해야 한다.

환자에게 불편한 느낌을 주는 감각을 설명하도록 한다. 이완 효과와 관련하여 이러한 감각들의 발생에 대해 논의한다(예 : 피부로 가는 혈류의 변화로 인한 따뜻함 또는 따끔거림, 근육긴장의 감소로 인한 무거운 느낌, 혈류 변화의 적응과 관련된 때때로 발생하는 강한 심장박동). 이러한 감각들이 성공적인 이완의 징후임을 논의하고, 환자가 이러한 감각들을 적절한 방식으로 재해석하도록 격려한다. 환자에게 다음 훈련을 지속하도록 하고, 이러한 감각이 발생할 때 즐길 수 있도록 한다. 환자에게 앞으로 시간이 지남에 따라 더 편안해질 것이고, 이러한 감각을 즐기게 될 수 있을 것이라고 안심시킨다.

부록 B

자극감응 노출로 유발된
불안발작에 대처하기

다음 절차는 자극감응 노출 시도에 의해 심각한 경보반응이 발생한 환자에서 사용된다. 회기별 지침에 요약된 바와 같이 치료자는 환자가 재앙화 인식과 가능성 과대평가를 확인하는 것을 도와주고, 이러한 불안유발 사고를 바로잡기 위한 인지적 전략을 적용하도록 도와준다. 자극감응 노출 시도는 환자가 불안을 유발하는 실제 상황에 대비하여 통제된 환경에서 이러한 개입을 연습할 수 있는 기회를 제공한다. 모든 사례에서 일반적인 주제는 환자의 증상에 주의를 기울이고, 증상이 발생하는 것을 허용하며, 증상이 있음에도 불구하고 그 증상들을 인위적으로 조절하려고 노력하는 것이 아니라 수동적으로 긴장을 이완하는 것이다. 환자는 얼굴이나 어깨의 근육긴장을 증가시키거나 호흡 속도를 증가시킴으로써 더 많은 불안을 유발할 수 있는 방법에 대한 피드백을 받는다. 구체적인 지침에는 다음이 포함될 수 있다.

- **신체반응 내버려두기.** 환자에게 빠른 심장박동, 상열감, 현기증, 기타 증상이 노출 훈련에 대한 정상적인 반응으로 나타날 수 있음을 설명한다. 환자가 불편하다는 것은 이해하지만 그러한 감각 중에도 편안하기를 바란다는 것을 강조한다. 환자는 감각에 대해 아무것도 시도하지 말고, 대신 감각이 어떤 느낌인지 알아내고 자세하게 설명하며, 그저 그런 증상들을 내버려두어야 한다. 증상을 조절하려는 시도는 결코 도움이 되지 않으며, 감각을 편안하게 하는 것이 도움이 될 것이라고 설명한다. 환자에게 예를 들어 행동을 보여주면서 이상하거나 불편한 신체감각이 있음에도

불구하고 의자에 편안하게 앉아서 아무것도 하지 않는 것을 보여준다. 환자의 재앙화 사고와 가능성 과대평가를 계속 적절하게 조사한다.

- **재앙적 사고에 도전하기**. 증상이 발생함에 따라 환자에게 증상에 초점을 맞추고 다음 질문에 답하도록 요청한다. "이러한 감각들에서 가장 나쁜 점은 무엇입니까?" 특히 환자에게 특정 감각에 집중하도록 하고, 이 감각이 왜 그토록 많은 불안들을 야기하는지 설명하도록 요청한다. 환자가 특정한 재앙적 사고를 보이는 경우, 그러한 생각을 확인하고 재앙적 예측을 뒷받침하거나 반박하는 근거에 대해 의문을 제기한다. 환자가 계속해서 그 감각에 집중하도록 하고, 그것들에 대해서는 전혀 아무것도 하지 않으면서 재앙적인 사고에 맞서는 동안 그 감각들을 편안하게 느낄 수 있도록 한다.

- **역량에 중점 두기**. 환자가 일부 어려움을 겪고 있는 동안 그대로 서 있게 한다. 증상이 있음에도 불구하고 그가 효과적으로 움직일 수 있다는 점을 강조한다. 환자에게 강한 감각이 있을 때 통제력 또는 역량을 상실하지 않는다는 사실을 깨닫는 데 도움이 될 수 있도록 증상을 겪고 있는 동안 어려워 보이는 과제(예 : 소리내어 읽기)를 하도록 하거나, 서서 움직이도록 요청한다. 모든 시점에서 핵심은 증상에 대한 주의를 분산시키거나 증상을 조절하려고 시도하지 않는 것이다.

참고문헌

Barlow, D. H. (2002). *Anxiety and its disorders: The nature and treatment of anxiety and panic* (2nd ed.). New York: Guilford Press.

Barlow, D. H., Craske, M. G., Cerny, J. A., & Klosko, J. S. (1989). Behavioral treatment of panic disorder. *Behavior Therapy, 20*(1), 261–282.

Barlow, D. H., Gorman, J. M., Shear, M. K., Woods, S. W. (2000). Cognitive-behavioral therapy, imipramine, or their combination for panic disorder: A randomized controlled trial. *Journal of the American Medical Association, 283*, 2529–2536.

Bernstein, D. A., & Borcovec, T. D. (1973). *Progressive relaxation training: A manual for the helping professions.* Champaign, IL: Research Press.

Brown, R. A., Kahler, C. W., Zvolensky, M. J., Lejuez, C. W., & Ramsey, S. E. (2001). Anxiety sensitivity: Relationship to negative affect smoking and smoking cessation in smokers with past major depressive disorder. *Addictive Behaviors, 26*, 887–899.

Bruce, S. E., Yonkers, K. A., Otto, M. W., Eisen, J. L., Weisberg, R. B., Pagano, M., et al. (2005). A 12-year prospective study of, generalized anxiety disorder, social phobia and panic disorder: Psychiatric comorbidity as predictors of recovery and recurrence. *American Journal of Psychiatry, 162*, 1179–1187.

Candilis, P. J., McLean, R. Y. S., Otto, M. W., Manfro, G. G., Worthington, J. J., Penava, S. J., et al. (1999). Quality of life in patients with panic disorder. *The Journal of Nervous and Mental Disease, 187*, 429–434.

Carrera, M., Herran, A., Ayuso-Mateos, J. L., Sierra-Biddle, D., Ramirez, M. L., Ayestaran, A., et al. (2006). Quality of life in early phases of panic disorder: Predictive factors. *Journal of Affective Disorders, 94*, 127–34.

Clark, D. M. (1986). A cognitive approach to panic. *Behaviour Research and Therapy, 24*, 461–470.

Cramer, V., Torgersen, S., & Kringlen, E. (2005). Quality of life and anxiety disorders: a population study. *The Journal of Nervous and Mental Disease 193*, 196–202.

Craske, M. G., Brown, T. A., & Barlow, D. H. (1991). Behavioral treatment of panic:

A two year follow-up. *Behavior Therapy, 22*, 289-304.

Denis, C., Fatséas, M., Lavie, E., & Auriacombe, M. (2006). Pharmacological interventions for benzodiazepine mono-dependence management in outpatient settings. *Cochrane Database of Systematic Reviews, 3*, CD005194.

Furukawa, T. A., Watanabe, N., & Chruchill, R. (2006). Psychotherapy plus antidepressant for panic disorder with or without agoraphobia. *The British Journal of Psychiatry, 188*, 305-312.

Fyer, A. J., Liebowitz, M. R., Gorman, J. M., Campeas, R., Levin, A., Davies, S. O., et al. (1987). Discontinuation of alprazolam treatment in panic patients. *American Journal of Psychiatry, 144*(3), 303-308.

Gould, R. A., Otto, M. W., & Pollack, M. H. (1995). A meta-analysis of treatment outcome for panic disorder. *Clinical Psychology Review, 15*(8), 819-844.

Hegel, M. T., Ravaris, C. L., & Ahles, T. A. (1994). Combined cognitive-behavioral and time-limited alprazolam treatment of panic disorder. *Behavior Therapy, 25*(2), 183-195.

Heldt, E., Manfro, G. G., Kipper, L., Blaya, C., Isolan, L., Otto, M. W. (2006). One-year follow-up of pharmacotherapy-resistant patients with panic disorder treated with cognitive-behavior therapy: Outcome and predictors of remission. *Behaviour Research and Therapy, 44*, 657-665.

Heldt, E., Manfro, G. G., Kipper, L., Blaya, C., Maltz, S., Isolan, L., et al. (2003). Treating medication-resistant panic disorder: Predictors and outcome of cognitive-behavior therapy in a Brazilian public hospital. *Psychotherapy and Psychosomatics, 72*, 43 -48.

McHugh, R. K., Otto, M. W., Barlow, D. H., Gorman, J. M., Shear, M. K., & Woods, S. W. (2007). Cost-efficacy of individual and combined treatments of panic disorder. *Journal of Clinical Psychiatry, 68*, 1038-1044.

McNally, R. J. (1990). Psychological approaches to panic disorder: A review. *Psychological Bulletin, 108*, 403-419.

Noyes, R., Garvey, M. J., Cook, B., & Suelzer, M. (1991). Controlled discontinuation of benzodiazepine treatment for patients with panic disorder. *American Journal of Psychiatry, 148*(4), 517-523.

Otto, M. W. (2008). Anxiety sensitivity, emotional intolerance, and expansion of the application of interoceptive exposure: Comment on the special issue. *Journal of Cognitive Psychotherapy, 22*, 379-384.

Otto, M. W., Hong, J. J., & Safren, S. A. (2002). Benzodiazepine discontinuation difficulties in panic disorder: Conceptual model and outcome for cognitive-behavior therapy. *Current Pharmaceutical Design, 8*, 75-80.

Otto, M. W., Pollack, M. H., Meltzer-Brody, S., & Rosenbaum, J. F. (1992). Cognitive-behavioral therapy for benzodiazepine discontinuation in panic disorder patients. *Psychopharmacology Bulletin, 28*(2), 123–130.

Otto, M. W., Pollack, M. H., Penava, S. J., & Zucker, B. G. (1999). Cognitive
-behavior therapy for patients failing to respond to pharmacotherapy for panic
disorder: A clinical case series. *Behaviour Research and Therapy, 37*, 763–770.

Otto, M. W., Pollack, M. H., & Sabatino, S. A. (1996). Maintenance of remission
following cognitive-behavior therapy for panic disorder: Possible deleterious effects of
concurrent medication treatment. *Behavior Therapy, 27*, 473–482.

Otto, M. W., Pollack, M. H., Sachs, G. S., Reiter, S. R., Meltzer-Brody, S., &
Rosenbaum, J. F. (1993). Discontinuation of benzodiazepine treatment: Efficacy
of cognitive-behavioral therapy for patients with panic disorder. *American Journal of
Psychiatry, 150*(10), 1485–1490.

Otto, M. W., Powers, M., Stathopoulou, G., & Hofmann, S. G. (2008). Panic
disorder and social phobia. In M. A. Whisman (Ed.). *Cognitive therapy for complex and
comorbid depression: Conceptualization, assessment, and treatment* (pp. 185–208). New
York: Guilford Press.

Otto, M. W., Safren, S. A., and Pollack, M. H. (2004). Internal cue exposure and the
treatment of substance use disorders: Lessons from the treatment of panic disorder.
Journal of Anxiety Disorders, 18, 69–87.

Otto, M. W., & Whittal, M. L. (1995). Cognitive-behavior therapy and the longitudinal
course of panic disorder. *The Psychiatric Clinics of North America, 18*, 803–820.

Pecknold, J. C., McClure, D. J., Fleuri, D., & Chang, H. (1982). Benzodiazepine
withdrawal effects. *Progress in Neuro-Psychopharmacology & Biological Psychiatry, 6*(4–6),
517–522.

Pecknold, J. C., Swinson, R. P., Kuch, K., & Lewis, C. P. (1988). Alprazolam in panic
disorder and agoraphobia: Results from a multicenter trial: III. Discontinuation
effects. *Archives of General Psychiatry, 45*(5), 429–436.

Pollack, M. H., Penava, S. A., Bolton, E., Worthington, J. J., Allen, G. L., Farach, F.
J., et al. (2002). A novel cognitive-behavioral approach for treatment–resistant drug
dependence. *Journal of Substance Abuse Treatment, 25*, 335–342.

Rickels, K., DeMartinis, N., Garcia-Espana, F., Greenblatt, D. J., Mandos, L. A.,
& Rynn, M. (2000). Imipramine and buspirone in treatment of patients with
generalized anxiety disorder who are discontinuing long-term benzodiazepine therapy.
American Journal of Psychiatry 157, 1973–1979.

Rickels, K., Schweizer, E., Case, G., & Greenblatt, D. J. (1990). Long-term therapeutic
use of benzodiazepines: I. Effects of abrupt discontinuation. *Archives of General
Psychiatry, 47*(10), 899–907.

Roy-Byrne, P. P., & Hommer, D. (1988). Benzodiazepine withdrawal: Overview and
implications for the treatment of anxiety. *American Journal of Medicine, 84*(6), 1041–
1052.

Schmidt, N. B., Woolaway-Bickel, K., Trakowski, J., Santiago, H., Storey, J., Koselka, M., et al. (2000). Dismantling cognitive-behavioral treatment for panic disorder: Questioning the utility of breathing retraining. *Journal of Consulting and Clinical Psychology, 68*, 417–424.

Schmidt, N. B., Wollaway-Bickel, K., Trakowski, J. H., Santiago, H. T., & Vasey, M. (2002). Antidepressant discontinuation in the context of cognitive behavioral treatment for panic disorder. *Behaviour Research and Therapy, 40*, 67–73.

Schweizer, E., Rickels, K., Case, G., & Greenblatt, D. J. (1990). Long-term therapeutic use of benzodiazepines: II. Effects of gradual taper. *Archives of General Psychiatry, 47*(10), 908–915.

Smits, J. A. J., Powers, M. B., Cho, Y., & Telch, M. J. (2004). Mechanism of change in cognitive-behavioral treatment of panic disorder: Evidence of the fear of fear mediational hypothesis. *Journal of Consulting and Clinical Psychology, 72*, 646–652.

Spiegel, D. A., Bruce, T. J., Gregg, S. F., & Nuzzarello, A. (1994). Does cognitive behavior therapy assist slow-taper alprazolam discontinuation in panic disorder? *American Journal of Psychiatry, 151*(6), 876–881.

Tsao, J. C., Lewin, M. R., & Craske, M. G. (2002). Effects of cognitive-behavior therapy for panic disorder on comorbid conditions: Replication and extension. *Behavior Therapy, 33*, 493–509.

Tyrer, P., Murphy, S., & Riley, P. (1990). Benzodiazepine withdrawal symptom questionnaire. *Journal of Affective Disorders, 19*(1), 53–61.

Wells, A., Clark, D. M., Salkovskis, P., Ludgate, J., Hackmann, A., & Gelder, M. (1995). Social phobia: The role of in-situation safety behaviors in maintaining anxiety and negative beliefs. *Behavior Therapy, 26*(1), 153–161.

Whittal, M. L., Otto, M. W., & Hong, J. J. (2001). Cognitive-behavior therapy for discontinuation of SSRI treatment of panic disorder: A case series. *Behavior Research and Therapy, 39*, 939–945.

Winokur, A., & Rickels, K. (1981). Withdrawal and pseudowithdrawal from diazepam therapy. *Journal of Clinical Psychiatry, 42*, 442–444.

Worthington, J. J., Pollack, M. H., Otto, M. W., McLean, R. Y. S., Moroz, G., & Rosenbaum, J. F. (1998). Long-term experience with clonazepam in patients with a primary diagnosis of panic disorder. *Psychopharmacology Bulletin, 34*, 199–205.

Zvolensky, M. J., Yartz, A. R., Gregor, K., Gonzalez, A., & Bernstein, A. (2008). Interoceptive exposure-based cessation intervention for smokers high in anxiety sensitivity: A case series. *Journal of Cognitive Psychotherapy, 22*, 346–365.

지은이

Michael W. Otto, PhD

보스턴대학교의 심리학 교수이며 Anxiety and Related Disorders의 센터장이다. Otto 박사는 불안장애, 기분장애, 물질사용장애에 대한 인지행동치료(CBT) 전문가이다. 그의 연구는 기존 중재에 반응하지 않는 환자에게 인지행동 전략을 사용하거나, 양극성장애 및 물질사용장애 환자에서 새로운 전략을 개발하는 등 치료하기 어려운 대상자에 대한 문제에 집중하고 있다. 불안장애와 관련하여 환자가 항불안 약물을 중단하는 데 도움이 되는 프로그램을 포함하여, 개별 및 복합 치료 형식에서 CBT의 역할을 조사하는 소규모 및 대규모 임상시험을 수행했다. Otto 박사는 자신의 연구 분야에서 250편이 넘는 과학 논문, 소논문, 저서를 출판했으며, 최근 임상적 실증 문헌에서 '최고 연구자'로 인정받고 있다. 미국행동인지치료학회(ABCT)의 전 회장이며, 미국심리학회(APA) 회원이자 미국불안장애협회 과학자문위원회 회원이다. Otto 박사는 임상 훈련 및 연구 결과의 보급에 깊이 관여하고 있으며, 미국 전역에서 평생교육 및 의학교육 워크숍을 정기적으로 개최하고 있다.

Mark H. Pollack, MD

매사추세츠 종합병원의 Anxiety and Traumatic Stress Disorders 소장이며, 하버드 의대의 정신과 교수이다. 그의 임상 및 연구 관심 분야는 급성 및 장기 과정, 공황장애, 사회불안장애, PTSD, 범불안장애, 관련 합병증 등 불안장애 환자의 병태생리와 치료, 기분 및 불안장애에 대한 새로운 약물 개발, 난치성 환자의 치료에서 인지행동치료와 약물치료의 병용, 의료현장에서 불안의 표현과 치료, 약물 남용의 병태생리와 치료이다. 300편이 넘는 논문과 리뷰, 소논문을 출판했으며, 저널 *CNS Neuroscience and Therapeutics*의 편집장이다. 국내외 포럼에서 강연을 하고 있으며, 수많은 편집 및 자문위원회에서 활동하고 있다. 현재 미국불안장애협회 과학자문위원회의 의장을 맡고 있다.

옮긴이

장재순

경희의료원 한방병원 한방신경정신과에서 전문의 과정을 마치고 동대학원 경희대학교 한의과대학 한방신경정신과교실에서 박사과정을 수료하였다. 현재 수면장애, 우울증, 치매, 공황장애, 발달지연 등 신경정신과질환을 전문으로 치료하는 더쉼한의원 대표원장이다.

최은지

강동경희대학교 한방병원 한방신경정신과에서 전문의 과정을 마치고 동대학원 경희대학교 한의과대학 한방신경정신과교실에서 석사학위를 취득하였다. 대한한방신경정신과학회, 대한스트레스학회, 대한한의학회, 한국명상학회에서 꾸준한 활동을 하고 있으며, '한의 임상진료지침 개발방안'(보건복지부), '우울증 한의임상진료지침'(한국한의학연구원), '한의 표준임상진료지침 개발을 위한 사업 기획'(보건복지부), '화병 비약물 임상연구 및 화병 한의표준임상진료지침 개발'(보건복지부) 등의 연구에 참여하였다. 현재 한음한방정신과한의원 원장이다.

권찬영

강동경희대학교 한방병원 한방신경정신과에서 전문의 과정을 마치고 동대학원 경희대학교 한의과대학 한방신경정신과교실에서 박사학위를 취득하였다. 현재 동의대학교 부속 한방병원 한방신경정신과 진료과장, 동의대학교 한의과대학 조교수로 재직하고 있다. '한의 임상진료지침 개발방안'(보건복지부), '우울증 한의임상진료지침'(한국한의학연구원), '한의 표준임상진료지침 개발을 위한 사업 기획'(보건복지부), '화병 비약물 임상연구 및 화병 한의표준임상진료지침 개발'(보건복지부), '한의학 정신건강센터의 구축과 정신건강 진단ㆍ평가ㆍ치료기술의 개발 및 실용화'(보건복지부), '불면장애에 대한 한의의료기술 최적화 근거창출 임상연구'(보건복지부), '재난 트라우마에 대한 통합한방치료 프로토콜 개발– 포항 지진후유증 환자를 통하여'(한국연구재단) 등의 연구에 참여했으며, 현재 '치매 비인지증상에 대한 한의치료기술 근거합성 연구'(보건복지부)의 연구책임자를 맡고 있다. 동의대학교 부속 한방병원 화병ㆍ스트레스 클리닉을 운영 중이고 근거기반의학, 노인의학, 환자중심의학에 관심을 가지고 있으며, 한방신경정신과, 노인의학, 보완통합의학 분야의 논문을 약 65편 저술(2020년 11월 기준)하였다.